BLICK UND EINSICHT

BLICK UND EINSICHT

Intermediate German Readings

Second Edition

Wolff A. von Schmidt
University of Utah

Heribert Hinrichs
Goethe Institute, Munich

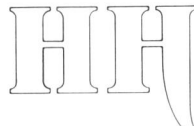

Heinle & Heinle Publishers, Inc.
Boston, Massachusetts 02210 U.S.A.

Copyright © 1983, 1979 by Heinle & Heinle Publishers, Inc.

All rights reserved. No part of this publication may be reproduced or transmitted in any form or by any means, electronic of mechanical, including photocopy, recording, or any information storage and retrieval system, without permission in writing from the publisher.

Manufactured in the U.S.A.

ISBN: 0-8384-1231-9

10 9 8 7 6 5 4 3 2

Cover design: Carol H. Rose

Preface

The second edition of *Blick und Einsicht: Intermediate German Readings*, like the first edition, is carefully structured to promote the rapid development of reading skills in German. Contemporary and provocative presentations of cultural/social topics about four German-speaking countries—West Germany, East Germany, Austria, and Switzerland—provide the context not only for a review of important grammatical structures but also for continued development of oral and written communication skills. While the successful features of the first edition have been retained, basic changes have been made to enhance the appeal of this functional and popular text. New topics of high interest, such as world ecology, problems of drug abuse, and the modern woman, have been added. Statistics on unemployment and the work force have updated and revised. And, finally, the text has been enriched with many fresh and informative illustrations.

Each of the eighteen chapters focuses on a single theme of contemporary interest. Glossed vocabulary, explanatory footnotes, and important expressions and constructions accompany each selection. The first ten chapters review important grammatical structures. Systematic, concise exercises immediately follow grammar sections. The last eight chapters feature material excerpted or adapted from articles in newspapers and other publications widely read in the countries represented. All chapters contain suggestions for oral and written composition. A chapter vocabulary list concludes each chapter. A complete German-to-English end vocabulary identifies the chapter in which an entry first appears.

We would like to thank the newspaper and magazine publishers who have graciously permitted us to reprint the reading selections in this book. We also acknowledge the help of Carole B. von Schmidt for English language and pedagogy. Finally, we express our appreciation to the many students of German at the University of Utah who made it possible for us to experiment with and test the materials.

W.A.v.S.
H.H.

Inhalt

1 Wo spricht man Deutsch?   1

GRAMMATIKALISCHE ERKLÄRUNGEN:
1. Endings of Attributive Adjectives. 2. Ordinal Numbers.

2 Fußball   10

GRAMMATIKALISCHE ERKLÄRUNGEN:
1. Inseparable and Separable Prefixes.
2. Reflexive Pronouns and Verbs.

3 Zweimal Deutschland: Bundesrepublik Deutschland und Deutsche Demokratische Republik   19

GRAMMATIKALISCHE ERKLÄRUNGEN:
1. The Past Participle. 2. The Present Perfect.
3. The Past Perfect. 4. The Present Participle.

4 Einmal im Jahr Urlaub   29

GRAMMATIKALISCHE ERKLÄRUNGEN:
1. Word Order in Main Clauses. 2. Word Order in Questions. 3. Word Order in Dependent Clauses.

5 Osten oder Westen?   39

GRAMMATIKALISCHE ERKLÄRUNGEN:
1. Comparison of Adjectives and Adverbs.
2. Adjectives Used as Nouns.

6 Wien, die Stadt des Alten und des Neuen: 49

GRAMMATIKALISCHE ERKLÄRUNGEN:
1. Modal Auxiliaries. 2. Infinitive Constructions with **zu**.

7 Die Arbeitslosigkeit in der Bundesrepublik und einige ihrer Ursachen 60

GRAMMATIKALISCHE ERKLÄRUNGEN:
1. Relative Pronouns and Relative Clauses.
2. **Da-** and **Wo-** Compounds. 3. Future and Future Perfect Tenses.

8 Die Westmark in Konkurrenz mit der Ostmark 72

GRAMMATIKALISCHE ERKLÄRUNGEN:
1. Passive Voice. 2. Alternative Constructions for the Passive.

9 Was wären Sie gern von Beruf? 81

GRAMMATIKALISCHE ERKLÄRUNGEN:
Unreal Subjunctive: Subjunctive for Unreal Conditions, Requests, and Wishes.

10 Tips zum Energiesparen 91

GRAMMATIKALISCHE ERKLÄRUNGEN:
Subjunctive: The Subjunctive in Indirect Discourse.

11 Die rote Rose auf dem Fensterbrett 100

(Österreich: Wiener Tageszeitung KURIER)

12 Bumerang 107

(Schweiz: TAGES-ANZEIGER)

13 Jugendklubs beliebte Treffpunkte 113

(DDR: NEUES DEUTSCHLAND)

14 Der metallene Liebling 120

Bundesrepublik Deutschland: DIE ZEIT)

Inhalt

15 Kunde wird zum Stehlen verführt   128
(Schweiz: TAGES-ANZEIGER)

16 Naturschutz: Kampf dem Wald-Raubbau   135
(Bundesrepublik Deutschland: DIE WELT)

17 Anschmieden - oder sterben lassen?   143
(Österreich: Wiener Tageszeitung KURIER)

18 Mädchen 1982   149
(Bundesrepublik Deutschland: SÜDDEUTSCHE ZEITUNG)

Important Strong and Irregular Weak Verbs and Modal Auxiliaries   156

Wörterverzeichnis   161

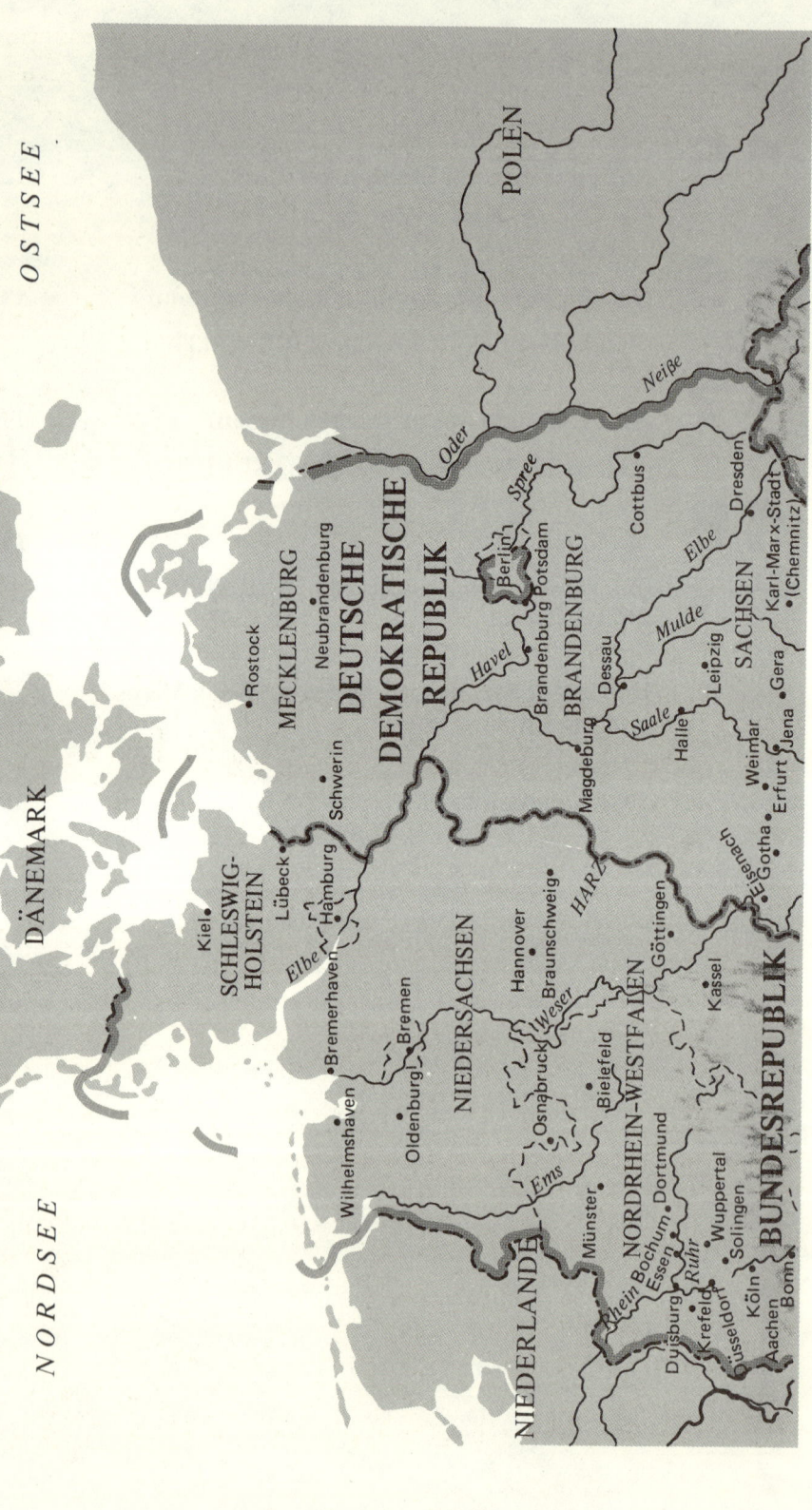

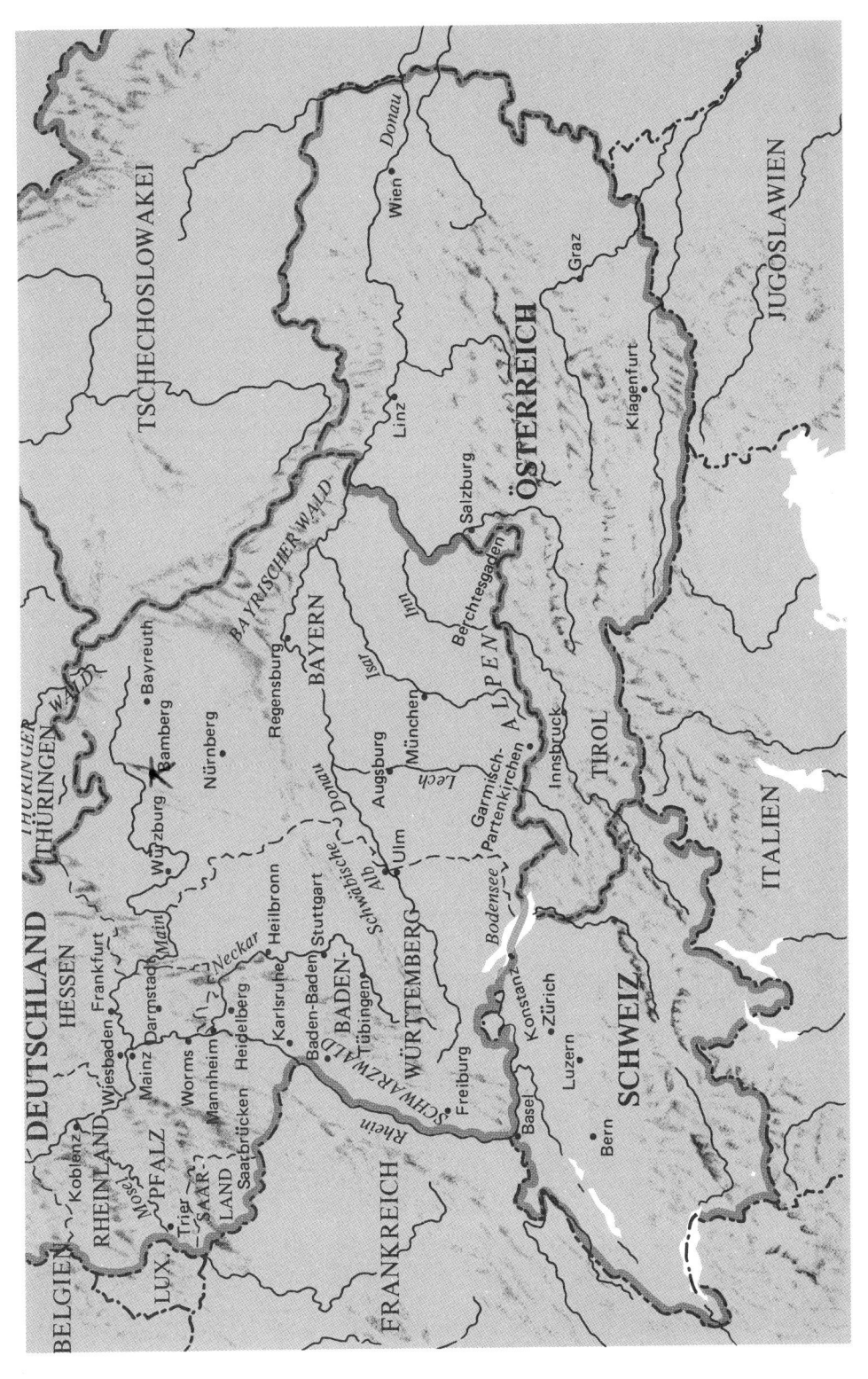

1 Wo spricht man Deutsch?

Deutsch spricht man in vier verschiedenen Ländern: in der Bundesrepublik Deutschland, in der Deutschen Demokratischen Republik (DDR), in Österreich und in der Schweiz*. Diese Länder haben gemeinsame Grenzen und liegen in Mitteleuropa[1].

Die Bundesrepublik ist mit circa zweihundertneunundvierzigtausend Quadratkilometern[b] (ca. 249 000 qkm) ungefähr so groß wie der amerikanische Bundesstaat[2] Oregon und hat eine Bevölkerung von über sechzig Millionen (60 Mill.). Sie hat elf Bundesländer[3], einige davon sind Stadtstaaten[4] wie zum Beispiel (z.B.) West-Berlin und Hamburg. Außer West-Berlin und Hamburg ist München[5] die einzige Stadt mit einer Einwohnerzahl[6] von über einer Million. Die Hauptstadt der Bundesrepublik ist Bonn und ihre Währung[7] ist die Deutsch-Mark (DM) mit je hundert (100) Pfennig.

Die DDR, ein sozialistischer Staat, ist mit ca. einhundertachttausend (108 000) qkm ungefähr so groß wie der amerikanische Bundesstaat Ohio und hat eine Bevölkerung von ungefähr siebzehn (17) Mill. Die Hauptstadt der DDR ist Ost-Berlin, die einzige Stadt mit einer Einwohnerzahl von über einer Million. Andere wichtige Städte sind z.B. Leipzig und Dresden. Die Währung der DDR ist die Mark (M) mit je 100 Pfennig.

Österreich mit ca. vierundachtzigtausend (84 000) qkm ist ungefähr so groß wie der amerikanische Bundesstaat Maine und hat eine Bevölkerung von über 7,5[c] Mill. Österreich hat neun Bundesländer, und die Hauptstadt ist Wien[8]. Nur die Stadt Wien hat eine Einwohnerzahl von über einer Million; solche berühmten Städte wie z.B. Salzburg und Innsbruck haben je eine Einwohnerzahl von unter einhundertfünfzigtausend (150 000). Die österreichische Währung ist der Schilling (S) mit je 100 Groschen.

---

1. Central Europe. 2. (federal) state. 3. states. 4. city states. 5. Munich. 6. population. 7. currency. 8. Vienna.

Deutsch spricht man...

...in der Bundesrepublik Deutschland

...in Österreich

...in der Deutschen Demokratischen Republik

...in der Schweiz

Wo spricht man Deutsch?

Das vierte dieser Länder ist die Schweiz. Dort spricht man drei bedeutende Sprachen: Deutsch, Französisch und Italienisch. Die Schweiz mit ca. einundvierzigtausend (41 000) qkm ist relativ klein, das heißt (d.h.) ungefähr halb so groß wie Österreich, und hat eine Bevölkerung von beinah 6,5 Mill. In der Schweiz kennt man keine Bundesländer, sondern man spricht von Kantonen[9]. Die Schweiz hat dreiundzwanzig (23) Kantone und ihre Hauptstadt ist Bern. Andere wichtige und berühmte Städte sind Zürich, Basel und Genf[10]. Die Währung der Schweiz ist der Franken (sfr) mit je 100 Rappen.

Diese vier europäischen Länder verfolgen nicht immer dieselben politischen Interessen, aber man spricht dort Deutsch als eine gemeinsame Sprache. Sie sind alle von außerordentlicher Bedeutung auf dem kulturellen und wirtschaftlichen Gebiet. Unter den ersten zwanzig Exportländern[11] der Welt liegen die Bundesrepublik an dritter Stelle, die Schweiz an zwölfter, die DDR an vierzehnter und Österreich an zwanzigster Stelle.

Bemerkungen

a. **Bundesrepublik Deutschland** is the official German designation for the Federal Republic of Germany (West Germany). **Deutsche Demokratische Republik (DDR)** is the official German designation for the German Democratic Republic (East Germany).
b. One mile is approximately 1.6 kilometers.
c. Read: **sieben-Komma-fünf**.

Wichtige Redewendungen und Konstruktionen

man spricht Deutsch	German is spoken
circa (ca.)	circa (c.), about
so ... wie	as ... as
zum Beispiel (z.B.)	for example
das heißt (d.h.)	that means

Fragen

1. Wo spricht man Deutsch?
2. Was haben diese Länder außer der Sprache gemeinsam?
3. Wo liegen diese Länder?
4. Welcher amerikanische Bundesstaat ist ungefähr so groß wie die Bundesrepublik?
5. Wieviele Einwohner (*inhabitants*) hat die Bundesrepublik?
6. An welcher Stelle der wichtigen Exportländer liegt die Bundesrepublik?

---

9. cantons.   10. Geneva.   11. export countries.

7. Wieviele Einwohner hat die DDR?
8. Welches ist die Währung der DDR?
9. Wieviel Pfennig hat die Mark?
10. Wieviele Bundesländer hat Österreich?
11. Was ist die Hauptstadt von Österreich?
12. Welche anderen berühmten Städte in Österreich kennen Sie?
13. Welche wichtigen Sprachen spricht man in der Schweiz?
14. Vergleichen (*compare*) Sie die Schweiz mit Österreich! Wie groß ist die Schweiz?
15. An welcher Stelle der ersten zwanzig Exportländer der Welt liegt die Schweiz?

GRAMMATIKALISCHE ERKLÄRUNGEN

1. **Endings of Attributive Adjectives**

   a. Attributive adjectives always take endings. These have to agree with the number, gender, and case of the noun qualified by the adjective.[1]

   There are weak adjective endings and strong adjective endings.

   WEAK ADJECTIVE ENDINGS

	MASC.	FEM.	NEUT.	PL.
NOM.	-e	-e	-e	-en
ACC.	-en	-e	-e	-en
DAT.	-en	-en	-en	-en
GEN.	-en	-en	-en	-en

   Note that there are only two weak endings: **-en** and **-e**.

   STRONG ADJECTIVE ENDINGS

	MASC.	FEM.	NEUT.	PL.
NOM.	-er	-e	-es	-e
ACC.	-en	-e	-es	-e
DAT.	-em	-er	-em	-en
GEN.	-en	-er	-en	-er

   Note that the strong endings are the same as the endings of **der**-words, except for the genitive masculine and genitive neuter forms.

---

[1]. If the basic form of an adjective ends in **-el** or **-er**, the **-e-** of the stem is dropped when the adjective takes an ending: **teuer** (*expensive*), but: **ein teures Land**.

b. The following basic rules determine whether a weak ending or a strong ending is required:

1. If there is a definite article or another **der**-word, the following attributive adjectives *always* take weak endings:

    Ich kenne das wichtige Land.
    Dieser bedeutende sozialistische Staat liegt in Europa.

2. If there is an indefinite article or another **ein**-word, there are two possibilities:

    First, if the **ein**-word has an ending, the following attributive adjectives take weak endings:

    Diese Länder sind von einer außerordentlichen Bedeutung.
    Die DDR und die Bundesrepublik haben oft keine gemeinsamen politischen Interessen.

    Second, if the **ein**-word does not have an ending (in the nominative masculine singular and in the nominative and accusative neuter singular), the following attributive adjectives take strong endings:

    Ich kenne ein wichtiges Land in Europa.
    Die DDR ist ein wichtiger, sozialistischer Staat.

3. If there is no **der**-word or **ein**-word, attributive adjectives *always* take strong endings:

    Wichtige Länder in Europa sind die Schweiz und Österreich.
    Die DDR und die Bundesrepublik haben nicht immer gemeinsame politische Interessen.

c. Attributive adjectives following **alle** take weak endings:

   Ich kenne alle wichtigen Städte in Österreich.

d. Attributive adjectives preceded only by a cardinal number and not by a **der**-word or **ein**-word take strong endings:

   Zwei bedeutende Länder in Europa sind die DDR und die Bundesrepublik.
   BUT: Diese vier europäischen Länder haben gemeinsame Grenzen.

   As an exception, attributive adjectives following the number "one" take either weak or strong endings, as **eins** uses the forms of the indefinite article **ein**:

   Ich kenne nur ein wichtiges Land.
   Ich war nur in einem wichtigen Land in Europa.

e. Predicate adjectives and adverbs do not take endings:

   Dieses Land ist **wichtig**.
   Sie sprechen **schnell** (*fast*).

ANWENDUNG

Fügen Sie die richtige Adjektivendung ein (Insert the correct adjective ending):

1. Diese wichtig*en* Länder liegen in Europa.
2. Ost-Berlin ist die Hauptstadt eines sozialistisch*en* Staates.
3. Die Schweiz ist ein bedeutend*er* Staat in Europa.
4. Die vier Länder haben gemeinsam*e* Grenzen.
5. Sie kennt alle europäisch*en* Länder.
6. Leipzig und Dresden sind zwei berühmt*e* Städte in der DDR.
7. Diese drei wichtig*en* Sprachen spricht man in der Schweiz.
8. Ich spreche nur eine europäisch*e* Sprache.
9. Die Stadt Wien ist bedeutend.

2. Ordinal Numbers

With three exceptions the ordinal numbers from 1 to 19 are formed by adding **-t** to the cardinal number:

zweit- second   **sieb(en)t-** seventh

The three exceptions are:

erst- first   **dritt-** third   **acht-** eighth

From 20 upwards, **-st** is added to the cardinal number:

zwanzigst- twentieth   **tausendst-** thousandth

Ordinal numbers take the same endings as attributive adjectives:

Die Bundesrepublik liegt an dritt**er** Stelle der erst**en** zwanzig Exportländer der Welt.

ANWENDUNG

Fügen Sie die angegebene Ordinalzahl mit der richtigen Adjektivendung ein (Insert the given ordinal number with the correct adjective ending):

1. Österreich ist das *dritte* (3rd) und die Schweiz das *vierte* (4th) dieser Länder.
2. Österreich liegt an _____ (20th) Stelle.

ÜBUNGEN

A. Fügen Sie die richtige Form des Wortes in der Klammer ein (Insert the appropriate form of the given word in parentheses):

1. Man spricht in vier _____ Ländern Europas Deutsch. (verschieden)

Wo spricht man Deutsch?

2. Ich kenne alle _____ Städte in der Schweiz. (wichtig)
3. Die _____ Hauptstadt ist Wien. (österreichisch)
4. Zürich ist eine _____ Stadt in der Schweiz. (bedeutend)
5. Die DDR ist ein _____ Staat. (sozialistisch)
6. Die vier _____ Länder haben _____ Grenzen. (verschieden/gemeinsam)
7. Die anderen _____ Städte in Österreich kenne ich nicht. (berühmt)
8. Leipzig ist eine _____ Stadt in einem _____ Staat Europas. (bedeutend/sozialistisch)
9. Kennen Sie die Hauptstädte aller _____ Länder? (europäisch)
10. Die Schweiz ist das andere _____ Land. (wichtig)
11. Die Bundesrepublik und die DDR haben oft _____ _____ Interessen. (verschieden/politisch)
12. Die _____ Bedeutung dieser vier _____ Länder ist _____. (kulturell/europäisch/groß)
13. Sie waren nur in _____ _____ Bundesstaat. (eins/amerikanisch)
14. Er spricht einige _____ Sprachen. (europäisch)
15. Die Schweiz ist das _____ _____ Land. (viert-/wichtig)

B. *Formen Sie Sätze aus den gegebenen Satzelementen (Construct sentences using the given cues):*

1. Englisch / sein / eine / wichtig / Sprache / in / die / Welt
2. In / Österreich / liegen / die / berühmt / Stadt / Salzburg
3. An / dritt- / Stelle / das / erst- / zwanzig / Exportland / die / Welt / liegen / die / Bundesrepublik
4. Ein / sozialistisch / Staat / in / Europa / sein / die / DDR
5. Die / deutsch / Sprache / sprechen / man / nicht / nur / in / ein / einzig / Land
6. In / die / relativ / klein / Schweiz / sprechen / man / verschieden / Sprache
7. Oregon / sein / kein / europäisch / Staat / sondern / ein / amerikanisch / Bundesstaat
8. Das / vier / europäisch / Land / sein / von / außerordentlich / wirtschaftlich / Bedeutung
9. Jeder / fünft- / Einwohner / die / relativ / klein / Schweiz / sprechen / die / französisch [French] / Sprache
10. Die / englisch / Sprache / sein / wichtig
11. Nur / in / eins / europäisch / Land / sprechen / man / drei / wichtig / Sprache
12. Der / amerikanisch / Bundesstaat / Maine / sein / relativ / klein
13. Ich / kennen / nur / eins / europäisch / Land

14. Von / dieses / vier / Land / sein / die / DDR / das / einzig / sozialistisch / Land
15. Heute (today) / sein / der / / Tag (day) / der / / Monat (month) / das / Jahr (year) /

C. Übersetzen Sie ins Englische (Translate into English):

1. In der Bundesrepublik spricht man Deutsch.
2. Die Schweiz ist ungefähr halb so groß wie der amerikanische Bundesstaat Maine.
3. Die Schweiz hat beinah 6,5 Mill. Einwohner.
4. Ost-Berlin ist die einzige Stadt in der DDR mit über einer Million Einwohner.
5. Innsbruck hat unter 150 000 Einwohner.

D. Sagen Sie auf deutsch (Express in German):

1. East Germany has a population of c. 17 million.
2. German is spoken in different countries, for example, in Austria.
3. Switzerland is relatively small, that means, about half as large as the American state of Maine.
4. West Germany is as large as Oregon.
5. These countries do not necessarily have the same political interests.

GESPRÄCHSTHEMEN

1. Welche Sprachen sprechen Sie?
2. Wo spricht man Englisch? Französisch? Italienisch?
3. Kennen Sie andere wichtige Sprachen?
4. Waren Sie schon einmal in der Bundesrepublik, in der DDR, in Österreich oder in der Schweiz? Wo?
5. Welche Städte in den vier Ländern kennen Sie?

KLEINE AUFSATZTHEMEN

1. Vergleichen Sie die vier Länder!
2. Ist die deutsche Sprache wichtig?
3. Eine Reise (trip) in der Bundesrepublik, der DDR, Österreich und der Schweiz.

Wo spricht man Deutsch?

VOKABULAR

amerikanisch American (*adj.*)
die **Anwendung, -en** application
das **Aufsatzthema, Aufsatzthemen** composition topic
außerordentlich extraordinary
bedeutend significant
die **Bedeutung, -en** significance
beinah almost
das **Beispiel, -e** example
die **Bemerkung, -en** note, comment
berühmt famous
die **Bevölkerung** population
davon of that
deutsch German (*adj.*)
(das) **Deutsch** German (*German language*)
(das) **Deutschland** Germany
der **Einwohner, -** inhabitant
einzig single; only
englisch English (*adj.*)
(das) **Englisch** English (*English language*)
die **Erklärung, -en** explanation
(das) **Europa** Europe
europäisch European (*adj.*)
die **Frage, -n** question
französisch French (*adj.*)
(das) **Französisch** French (*French language*)
das **Gebiet, -e** area
gemeinsam common; joint
das **Gesprächsthema, Gesprächsthemen** conversation topic
grammatikalisch grammatical
die **Grenze, -n** border
der **Groschen, -** Austrian penny
groß large; great; big
halb half
die **Hauptstadt, ⸚e** capital
heißen, hieß, geheißen to mean; to be called
heute today
das **Interesse, -n** interest

(das) **Italienisch** Italian (*Italian language*)
das **Jahr, -e** year
je each
das **Kapitel, -** chapter
kennen, kannte, gekannt to know
klein small; little
die **Konstruktion, -en** construction
kulturell cultural
das **Land, ⸚er** country; state
liegen, lag, gelegen to lie
die **Million, -en** million
der **Monat, -e** month
(das) **Österreich** Austria
österreichisch Austrian (*adj.*)
der **Pfennig, -e** (German) penny
politisch political
der **Rappen, -** (Swiss) penny
die **Redewendung, -en** phrase
die **Reise, -n** trip
relativ relative
die **Schweiz** Switzerland
so... wie as... as
sozialistisch socialistic
die **Sprache, -n** language
sprechen, spricht, sprach, gesprochen to speak
der **Staat, -en** state
die **Stadt, ⸚e** city
die **Stelle, -n** place
der **Tag, -e** day
der **Text, -e** text
die **Übung, -en** exercise
ungefähr approximate
verfolgen to pursue
vergleichen, verglich, verglichen to compare
verschieden different
die **Welt, -en** world
wichtig important
wirtschaftlich economic(al)
wissen, weiß, wußte, gewußt to know

2 Fußball

Fußball erfreut¹ sich in Europa einer außerordentlichen Popularität. Das Spiel stellt einen Nationalsport dar, und die bekannten Spieler sind sicherlich für viele Fußballanhänger² Nationalhelden³. Jede Stadt und jedes Dorf haben einen Fußball-Verein⁴ oder besitzen wenigstens einen Fußballplatz⁵. Fast jedes Kind verbringt seine Freizeit mit   5
Fußball. Kaum gibt es einen anderen Sport mit solchen fanatischen Anhängern.
   Bei einem wichtigen Spiel, z.B. einem Länderspiel⁶ wie die Schweiz gegen Österreich oder zwischen zwei berühmten Fußball-Vereinen wie HSV (Hamburger Sport Verein) gegen Rot-Weiß Essenᵃ, fahren 10
alle Anhänger mit Autos, Bussen und Zügen zu dem Spielort⁷. Dort versammeln sich Tausende⁸ von Menschen in einem Fußballstadion. Natürlich sind nicht alle Anhänger bei dem Spiel anwesend, denn die Reise ist oft zu weit und zu teuer. Aber sie sitzen dann zu Hause vor dem Fernseher oder befinden sich nicht weit entfernt von einem Radio. 15
   Warum all die Aufregung⁹ und Spannung? Warum bleiben die fanatischen Anhänger für ein Fußballspiel von der Arbeit oder der Kirche weg? Nur ein wirklicher Fußballiebhaber¹⁰ versteht das. Die Regeln für Fußball lassen sich wie folgt erklären: Zwei Mannschaften¹¹ von je elf Spielern versammeln sich auf einem Fußballplatz von ca. 105 20
Meter (m) Länge und ca. 70 m Breiteᵇ. An beiden Enden des Platzes befindet sich ein Tor. Jede Mannschaft besteht aus einem Torwächter¹², zwei Verteidigern¹³, drei Läufern¹⁴ und fünf Stürmern¹⁵.
   Ein Schiedsrichter¹⁶ überwacht das Spiel, und mit seinem Pfiff¹⁷ fängt der Kampf an. Beide Mannschaften kämpfen um einen runden 25
schwarzweißen Lederball¹⁸. Wer schießt die meisten Tore? Keiner der

---

1. enjoys. 2. soccer fans. 3. national heroes. 4. soccer club. 5. soccer field. 6. international match. 7. site of the match. 8. thousands. 9. excitement. 10. soccer devotee. 11. teams. 12. goal keeper. 13. backs. 14. halfbacks. 15. forwards. 16. referee. 17. whistle. 18. leather ball.

Spieler außer den zwei Torwächtern berührt den Ball mit den Händen. Meistens schießt man das Leder mit dem Fuß oder stößt es mit dem Kopf. Manchmal benutzt man auch den Körper. Bei einem Verstoß[19] gegen die Regeln gibt es verschiedene Strafen: z.B. stellt ein Elf-Meter-Schuß[20] eine sehr schwere Strafe und ein beinah sicheres Tor für die gegnerische Mannschaft dar.

Die aufgeregten[21] Zuschauer verfolgen gespannt die verschiedenen Strategien[22] der einzelnen Spieler und Mannschaften. Alles schreit, pfeift und läßt sich von den beiden gegnerischen Mannschaften unterhalten. Man stärkt[23] sich mit viel Bier und Würstchen mit Senf[24]. Nach zweimal fünfundvierzig Minuten ist das Spiel zu Ende. Die Mannschaft mit den meisten Toren gewinnt. Natürlich verliert keiner gern, hoffentlich gewinnt die andere Mannschaft das nächste Mal[25]. Nach dem Spiel fahren die Zuschauer entweder glücklich oder unglücklich wieder nach Hause und freuen sich schon auf das nächste Spiel.

Bemerkungen

a. Soccer clubs, particularly if they belong to the **Bundesliga** (*Federal League*), are well known to many Germans, who frequently refer to them by their proper names.
b. The dimensions of a soccer field are approximately 315 ft. by 210 ft.

Wichtige Redewendungen und Konstruktionen

es gibt	*there is, there are*
zu Hause (sein)	*(to be) at home*
nach Hause (gehen)	*(to go) home*
wie folgt	*as follows*
zu Ende sein	*to be over*
gern etwas tun	*to like to do something*
entweder ... oder	*either ... or*
das nächste Mal	*next time*

Fragen

1. Was stellt in Europa einen Nationalsport dar?
2. Wer sind Nationalhelden für viele Fußballanhänger?
3. Was gibt es in jeder Stadt und in jedem Dorf?
4. Welches ist z.B. ein berühmter Fußball-Verein in der Bundesrepublik?

---

19. in case of a foul. 20. (eleven-meter) penalty kick. 21. excited. 22. strategies. 23. refreshes. 24. mustard. 25. time.

Fußball

5. Wie fahren die Anhänger bei einem wichtigen Spiel zum Spielort?
6. Wieviele Menschen versammeln sich in dem Fußballstadion?
7. Sind alle Anhänger bei jedem wichtigen Spiel anwesend? Warum nicht?
8. Wo sind die anderen Anhänger?
9. Wie groß ist ein Fußballplatz?
10. Wie viele Tore gibt es auf einem Fußballplatz?
11. Wo befinden sie sich?
12. Wer berührt den Ball mit den Händen?
13. Was machen (*do*) die anderen Spieler mit dem Ball?
14. Was machen die Zuschauer?
15. Wann ist das Spiel zu Ende?
16. Wer gewinnt ein Fußballspiel?
17. Wann gewinnt hoffentlich die andere Mannschaft?
18. Was machen die Zuschauer nach dem Spiel?

GRAMMATIKALISCHE ERKLÄRUNGEN

1. **Inseparable and Separable Prefixes**

   Verbs may have inseparable or separable prefixes; the meaning of the compound verb is frequently different from that of the simple verb:

   a. Inseparable Prefixes

   Some inseparable prefixes are: **be-**, **emp-**, **ent-**, **er-**, **ge-**, **ver-**, and **zer-**. These are never separated from the verb. Inseparable prefixes are always unstressed:

sitzen	*sit*	**besitzen**	*possess*
finden	*find*	**empfinden**	*feel*
stehen	*stand*	**entstehen**	*originate*
kennen	*know*	**erkennen**	*recognize*
hören	*hear*	**gehören**	*belong to*
sprechen	*speak*	**versprechen**	*promise*
stören	*disturb*	**zerstören**	*destroy*

   b. Separable Prefixes

   Some parts of speech — prepositions, adverbs, and verbs — may be used as separable prefixes. In the present tense and past tense in main clauses, they are separated from the verb and placed at the end of the clause. Separable prefixes are always stressed:

   Das Spiel **fängt** um 2 Uhr **an**.
   The game begins at 2 o'clock.

   Warum **blieben** sie von der Arbeit **weg**?
   Why did they stay away from work?

Ich **lernte** den berühmten Fußballspieler **kennen**.
I got to know the famous soccer player.

In the vocabulary, all verbs with separable prefixes are listed as follows: **vor·stellen** or **an·fangen, fängt, fing, angefangen**. Note that the dot is not part of the spelling.

ANWENDUNG

Fügen Sie die richtige Form des angegebenen Verbs ein:

1. Jedes Dorf _____ einen Fußballplatz. (besitzen)
2. Die Spieler _____ sich auf dem Fußballplatz. (versammeln)
3. Der Spieler _____ vor dem Tor _____. (stehenbleiben)
4. Die fanatischen Zuschauer _____ von ihren Sitzen _____. (aufstehen)

2. **Reflexive Pronouns and Verbs**

   a. The reflexive pronouns are:

	SING. ACC.	SING. DAT.	PL. ACC. AND DAT.
1ST PERS.	mich	mir	uns
2ND PERS. FAMILIAR	dich	dir	euch
2ND PERS. FORMAL	sich	sich	sich
3RD PERS.	sich	sich	sich

   Note that the forms of the 1st person and of the 2nd person familiar are the same as the forms of the personal pronoun; all other forms are **sich**.

   Reflexive pronouns usually follow the conjugated verb.

   b. Many verbs may be used either as nonreflexive or reflexive verbs.[1] They are used reflexively if the object of the verb stands for the same person or thing as the subject:

   Ich sehe sie.
   I see them.
   BUT: **Sie** sehen **sich**.
   They see themselves.

   Das Spiel erfreut die Zuschauer.
   The game pleases the spectators.

---

1. Verbs that are used more often as reflexive verbs than as nonreflexive verbs are listed in the vocabulary as **(sich) erfreuen**.

Fußball

    BUT: **Fußball** erfreut **sich** einer großen Popularität.
    Soccer enjoys a great popularity.

  c. Some verbs are always reflexive.

    Es **ereignete sich** nicht viel auf dem Platz.
    Nothing much happened in the field.

    Note that these verbs are listed in the vocabulary as **sich ereignen**.

  d. The case of the reflexive pronoun is determined by the verb:

    1. The reflexive pronoun is usually in the accusative case; if, however, there is another direct object in the clause, the reflexive pronoun is in the dative case:

        Ich wasche **mich**.   *I wash myself.*
        BUT: Ich wasche **mir** die Hände.   *I wash my hands.*

    2. With some verbs, the reflexive pronoun is always in the dative case:

        Ich helfe **mir**.   *I help myself.*
        Ich überlege **mir** eine Strategie.   *I ponder over a strategy.*

    Note that these verbs are listed in the vocabulary as **sich überlegen** (+ *dat.*).

    3. With few verbs, the reflexive pronoun may be either in the accusative case or in the dative case. The change in the case indicates a change in meaning:

        Ich stelle **mich** vor.
        I introduce myself.
        Ich stelle **mir** vor, wir gewinnen das Spiel.
        I imagine we win the game.

  e. In the plural, the reflexive pronoun may have the meaning "each other":

    Wir verstehen **uns**.   *We understand ourselves.*
                         We understand each other.

  f. Reflexive constructions (esp. **sich lassen** + infinitive) are sometimes used to indicate that the action is not carried out by the subject:

    Die Tür öffnet **sich**.
    The door is opened.
    Die Zuschauer **lassen sich unterhalten**.
    The spectators are being entertained.

ANWENDUNG

Fügen Sie die richtige Form des angegebenen Verbs ein:

  1. Die Zuschauer _____ _____ im Stadion. (sich befinden)

2. Ich _____ _____ auf das Spiel. (sich freuen)
3. _____ du _____ das Spiel _____ ? (sich ansehen)
4. Das Spiel _____ _____ nicht gewinnen. (sich lassen)

ÜBUNGEN

A. Fügen Sie die richtige Form des Verbs in der Klammer für die kursiv gedruckten Satzelemente ein (Substitute the appropriate form of the verb in parentheses for the italicized sentence elements):

1. Alle Spieler *sind* auf dem Fußballplatz. (sich befinden)
2. Das Spiel *war zu Ende.* (anfangen)
3. Die Zuschauer *verfolgen* gespannt das Spiel. (sich ansehen [*watch*])
4. Jede Mannschaft *hat* elf Spieler. (bestehen aus)
5. Die Zuschauer *stehen* [*stand*] im Stadion. (sich hinsetzen [*sit down*])
6. Der Schiedsrichter *sieht* [*see*] das Spiel. (überwachen)
7. Handball *ist* nicht wie Fußball ein Nationalsport in der Bundesrepublik. (darstellen)
8. Der Ball *ist* im Tor. (sich befinden)
9. Dort *findet* [*find*] ihn der Torwart. (verlieren)
10. Der Torwart *sitzt* im Tor. (stehenbleiben [*remain standing*])
11. Die Zuschauer *sprechen* viel. (sich unterhalten [*converse*])
12. Der Spieler *stößt* den Ball mit dem Kopf. (berühren)
13. Die Zuschauer *sitzen* im Stadion. (aufstehen [*get up*])
14. Einige *sind unglücklich.* (sich freuen)
15. Sie *gehen* [*go*] nach Hause. (zurückfahren)
16. Ich *erkenne* [*recognize*] den berühmten Fußballspieler. (kennenlernen [*get to know*])

B. Formen Sie Sätze aus den gegebenen Satzelementen:

1. Nicht / jeder / Einwohner / die / Bundesrepublik / besitzen / ein / Fernseher
2. Der / fanatisch / Zuschauer [*pl.*] / wegbleiben / von / die / Arbeit
3. Der / Spieler / sich erklären lassen / die / Strategie
4. Nicht / alle / Zuschauer / sich kennen
5. Er / sprechen / nicht / mit / ich / sondern / er / fernsehen [*watch TV*] / immer / nur
6. Nach / das / Spiel / zurückfahren / alle / nach / Hause
7. Ich / sich / ansehen / das / Spiel / in / der / Fernseher
8. Die / gegnerisch / Mannschaft / sich versammeln / auf / der / Fußballplatz
9. Das / Spiel / anfangen / mit / der / Pfiff / der / Schiedsrichter
10. Alle / Spieler / verfolgen / der / rund / schwarz-weiß / Ball
11. Ein / Spieler / die / gegnerisch / Mannschaft / versuchen / eine / ander- / Strategie
12. Der / Schiedsrichter / erklären / der / Spieler / eine / wichtig / Regel

Fußball 17

13. Ich / sich überlegen [*ponder*] / die / Strategie / der / Spieler [*sing.*]
14. Ich / sich vorstellen [*imagine*] / die / Mannschaft / verlieren / das / Spiel
15. Aber / ich / verstehen / nicht / viel / von / Fußball
16. Mein / Freizeit / verbringen / ich / anders
17. Ich / sich vorstellen [*introduce*] / der / berühmt / Fußballspieler

C. *Übersetzen Sie ins Englische:*

1. Die Zuschauer lassen sich von dem Spiel unterhalten.
2. Ich gehe nach Hause.
3. Es gibt nur einen Nationalsport in Deutschland.
4. Die andere Mannschaft gewinnt sicherlich das nächste Mal.
5. Hoffentlich fängt das Spiel an.
6. Ich überlege mir die Frage.

D. *Sagen Sie auf deutsch:*

1. There are eleven players on each team.
2. The game is over.
3. The rules for the game are as follows.
4. I am almost always at home.
5. I understand hardly anything about football.
6. We refresh ourselves with beer.
7. I like to play soccer.

GESPRÄCHSTHEMEN

1. Wie finden Sie den europäischen Nationalsport?
2. Kennen Sie einen anderen berühmten Sport?
3. Was ist der amerikanische Nationalsport?

KLEINE AUFSATZTHEMEN

1. Vergleichen Sie Fußball mit dem amerikanischen Spiel *football*!
2. Ist Fußball in Amerika bekannt?

VOKABULAR

an·fangen, fängt, fing, angefangen to begin
(sich) an·sehen, sieht, sah, angesehen to watch
anwesend (sein) (to be) present
die **Arbeit, -en** work

auf·stehen, stand, ist aufgestanden to get up
das **Auto, -s** car
der **Ball, ⸚e** ball
sich befinden, befand, befunden to be located

bekannt known
benutzen to use
berühren to touch
besitzen, besaß, besessen to possess
bestehen, bestand, bestanden to consist of
das Bier, -e beer
der Bus, -se bus
dar·stellen to represent
das Dorf, ¨-er village
einzeln individual
das Ende, -n end
entfernt apart
entweder... oder either... or
erkennen, erkannte, erkannt to perceive, recognize
erklären to explain
fahren, fährt, fuhr, ist gefahren to drive, travel
fast almost
fern·sehen, sieht, sah, ferngesehen to watch TV
der Fernseher, - TV set
finden, fand, gefunden to find
die Freizeit leisure time
sich freuen to be delighted
sich freuen auf to look forward to
der Fuß, ¨-e foot
geben, gibt, gab, gegeben to give
gegnerisch opposing
gehen, ging, ist gegangen to go, walk
gern with pleasure
gespannt sein (auf) to be curious (about)
gewinnen, gewann, gewonnen to win
glücklich happy
die Hand, ¨-e hand
das Haus, ¨-er house
(sich) hin·setzen to sit down
hoffentlich hopefully
der Kampf, ¨-e battle, fight
kämpfen (um) to battle (for), fight (for)
kaum barely
kennen·lernen to get to know
das Kind, -er child
die Kirche, -n church
der Kopf, ¨-e head
der Körper, - body
lassen, läßt, ließ, gelassen to let, allow to
das Leder, - leather; *here:* ball
machen to make, do
manchmal sometimes
meist (ens) mostly, for the most part
der Mensch, -en people

die Minute, -n minute
nächst- next
natürlich naturally
pfeifen, pfiff, gepfiffen to whistle
der Platz, ¨-e place
das Radio, -s radio
die Regel, -n rule
rot red
rund round
schießen, schoß, geschossen to kick
schreien, schrie, geschrien to shout, to scream
schwarz black
schwer severe
sehen, sieht, sah, gesehen to see
sicher certain
sicherlich certainly
sitzen, saß, gesessen to sit
die Spannung, -en tension
das Spiel, -e game, play
der Spieler, - player
der Sport sport
stehen, stand, gestanden to stand
stehen·bleiben, blieb, ist stehengeblieben to remain standing; to stand still
stoßen, stößt, stieß, gestoßen to push, to knock
die Strafe, -n penalty
teuer expensive
das Tor, -e goal
sich überlegen (+ *dat.*) to ponder
überwachen to supervise
unglücklich unhappy
(sich) unterhalten, unterhält, unterhielt, unterhalten to entertain; to converse
verbringen, verbrachte, verbracht to spend, pass
verlieren, verlor, verloren to loose
(sich) versammeln to gather, meet
verstehen, verstand, verstanden to understand
(sich) vor·stellen (+ *acc.*) to introduce
sich vor·stellen (+ *dat.*) to imagine
weiß white
weit far
weg·bleiben, blieb, ist weggeblieben to stay away
wenigstens at least
wirklich real, genuine
das Würstchen, - sausage
der Zug, ¨-e train
der Zuschauer, - spectator
zweimal twice

3 Zweimal Deutschland: Bundesrepublik Deutschland und Deutsche Demokratische Republik

Seit 1973 haben über 16 Millionen West-Berliner Ost-Berlin und die DDR besucht. D.h. seit diesem Jahr hat die Regierung in Bonn beinah 100 Millionen DM als Einreisegebühr[1] für die Reisenden aus West-Berlin an die Regierung in Ost-Berlin gezahlt. Diese Statistik hat man kürzlich in der Zeitung gelesen, und sie gab vielen Lesern zu denken.

Nach dem Zweiten Weltkrieg[2] hatte man das ehemalige Deutschland aufgeteilt[b], und zwei nebeneinander existierende[3] Staaten haben sich entwickelt. Aber sowohl in der Bundesrepublik als auch in der DDR hat man sich für lange Zeit Illusionen um eine Wiedervereinigung[4] gemacht[5]. Jedoch hat die Frage der Wiedervereinigung Deutschlands inzwischen internationale Dimensionen angenommen. Die ehemaligen Alliierten[6], d.h. Frankreich, Großbritannien, die Sowjetunion und die Vereinigten Staaten haben dieses internationale Problem nicht gelöst. Man denkt sofort an ähnliche Probleme, z.B. an das aufgeteilte Korea.

Weder der Osten noch der Westen glauben noch an die Möglichkeit und die Notwendigkeit[7] einer Wiedervereinigung Deutschlands. In der Bundesrepublik und in der DDR spricht man manchmal noch über eine Wiedervereinigung, aber man glaubt auch nicht an sie. Die Bürger beider Staaten haben das Interesse an einer Wiedervereinigung anscheinend verloren.

Beide deutschen Staaten gehen jetzt seit ca. 30 Jahren ihre eigenen Wege und haben große Erfolge in der Industrie, der Kultur und im Sport erzielt[8]. Aber beide Staaten haben sich in vieler Hinsicht deshalb auch weit von einander entfernt. In internationalen Organisationen wie den Vereinten Nationen[9] oder dem Internationalen Olympischen Komitee[10] hat man sowohl für die

---

1. entrance fee. 2. World War II. 3. existing. 4. reunification. 5. to have illusions. 6. Allies. 7. necessity. 8. achieved. 9. United Nations. 10. International Olympic Committee.

"... zwei nebeneinander existierende deutsche Staaten haben sich entwickelt."

Bundesrepublik als auch für die DDR je einen Platz bereitgestellt. Die Zeit hat nicht stillgestanden. Beide Seiten haben unabhängig von einander ihre eigenen nationalen Interessen verfolgt.

Leider sind die Beziehungen zwischen den Politikern der Bundesrepublik und der DDR nicht immer sehr gut gewesen. Bis zum heutigen Tag gibt es noch viele Probleme: z.B. verlangt die DDR von der Bundesrepublik eine Anerkennung der Staatsgrenze[11], und die Bundesrepublik verlangt von der DDR menschliche Erleichterungen[12]. Aber beide Seiten haben auch viele gemeinsame Interessen; z.B. wünschen beide Seiten verbesserte Verkehrsverbindungen[13].

Noch vor kurzer Zeit glaubte man nicht an Kompromißmöglichkeiten[14], aber jetzt sieht man positive Anzeichen[15]. Ein Staat ist Deutschland einmal gewesen, aber zwei friedlich nebeneinander lebende Staaten — Bundesrepublik und DDR — sind sicherlich eine Möglichkeit.

Bemerkungen

   a. According to a bilateral agreement between the Federal Republic and the Democratic Republic, a small sum is being paid by the former to the latter for each visitor who is a resident of West Berlin.
   b. After the unconditional surrender of Germany on May 8th, 1945, the Allies divided the country and Berlin into four zones according to their Potsdam and previous agreements.

Wichtige Redewendungen und Konstruktionen

möchten Sie...?	would you like to...?
sowohl... als auch	as well as
weder... noch	neither... nor
in vieler Hinsicht	in many respects
bis zum heutigen Tag	until today
noch vor kurzer Zeit	recently

Fragen

1. Wieviele Einwohner West-Berlins haben seit 1973 Ost-Berlin und die DDR besucht?
2. Wieviel DM hat die Regierung der Bundesrepublik seit diesem Jahr an die Regierung der DDR bezahlt?
3. Wann hatte man das ehemalige Deutschland aufgeteilt?

---

11. state border.   12. alleviations.   13. traffic and communication lines.   14. possibilities for compromise.   15. signs.

4. Was hat sich auf dem Gebiet des ehemaligen Deutschlands entwickelt?
5. Wer sind die ehemaligen Alliierten?
6. Was haben die Alliierten nicht gelöst?
7. Was glauben weder der Westen noch der Osten?
8. Was haben die Bürger sowohl der Bundesrepublik als auch der DDR anscheinend verloren?
9. Warum haben sich beide Staaten in vieler Hinsicht weit von einander entfernt?
10. Wem hat man in internationalen Organisationen wie z.B. den Vereinten Nationen einen Platz bereitgestellt?
11. Was verfolgen sowohl die Bundesrepublik als auch die DDR?
12. Was gibt es auch heute noch zwischen beiden deutschen Staaten?
13. Welche Probleme gibt es?
14. Was ist z.B. ein gemeinsames Interesse der Bundesrepublik und der DDR?
15. Was sehen die Politiker und die Bürger beider Staaten jetzt?
16. Was ist Deutschland einmal gewesen?
17. Was ist sicherlich eine Möglichkeit?

GRAMMATIKALISCHE ERKLÄRUNGEN

1. **The Past Participle**

    a. For *regular weak verbs*, the past participle is formed with the prefix **ge-** and the suffix **= (e)t**. The unchanged stem of the verb is inserted in this frame:

    | zahlen: | ge + zahl + t: | gezahlt |
    | öffnen (*open*): | ge + öffn + et: | geöffnet |

    The past participle of **haben** is also formed in this manner:

    | haben: | ge + hab + t: | gehabt |

    b. For *irregular weak verbs*, the past participle is formed with the same frame and a changed stem.

    | kennen: | ge + kann + t: | gekannt |

    The irregular weak verbs are listed in the vocabulary as **denken, dachte, gedacht**.

    c. For *strong verbs*, the past participle is formed with the prefix **ge-** and the suffix **-en**. The changed stem is inserted in this frame:

    | gehen: | ge + gang + en: | gegangen |
    | sitzen: | ge + sess + en: | gesessen |

    Note that sometimes the stem does not change:

    | laufen: | ge + lauf + en: | gelaufen |

Zweimal Deutschland

The past participle of **sein** is also formed in this manner:

sein: ge + wes + en: **gewesen**

The strong verbs are listed in the vocabulary as **sehen, sieht, sah, gesehen.**

d. For verbs with *inseparable prefixes*, the past participle is formed by adding the suffixes **-t** or **-en** to the stem, depending on whether it is a weak or a strong verb:

besuchen: besuch**t**
verbringen: verbrach**t**
verlieren: verlor**en**

e. For verbs with *separable prefixes*, the past participle is formed by inserting the **ge-** prefix between the separable prefix and the stem:

kennenlernen: kenn**enge**lernt
hineinbringen: hinein**ge**bracht
anfangen: an**ge**fangen
annehmen: an**ge**nommen

f. For verbs with the ending **-ieren,** the past participle is formed by adding the suffix **-t** to the stem.

existieren: existier**t**

g. Past participles used as adjectives take endings according to the rules discussed in Chapter 1:

ein aufgeteilt**es** Land

ANWENDUNG

Benutzen Sie das Partizip Perfekt des gegebenen Verbs als ein attributives Adjektiv:

1. Beide Seiten wünschen _verbesserde_ Beziehungen. (verbessern)
2. Er kam durch die _geöffnete_ Tür. (öffnen)
3. Ein _gewonnenes_ Spiel ist immer gut. (gewinnen)
4. Die _gelesene_ Zeitung liegt dort. (lesen)
5. Das _verlorene_ Spiel war schlecht. (verlieren)
6. Das _aufgeteilte_ Deutschland war ein internationales Problem. (aufteilen)

2. The Present Perfect

a. The present perfect tense consists of the present tense of the auxiliary verbs **haben** or **sein** and the past participle of the main verb. The past participle is at the end of a main clause:

b. The auxiliary verb **haben** is used with most verbs:

Zwei Staaten **haben** sich **entwickelt**.

c. The auxiliary verb **sein** is used with verbs expressing motion from one place to another and with some other verbs, especially **sein, bleiben,** and **werden** (become):

Ich **bin** nach Berlin **gefahren**.
Ich **bin** in Berlin **gewesen**.
Er **ist** von der Arbeit **weggeblieben**.
Der Spieler **ist** berühmt **geworden**.

These verbs are listed in the vocabulary as **gehen, ging, ist gegangen**.

Note: If verbs expressing motion from one place to another have a direct object, the auxiliary verb **haben** is used:

Ich **bin** mit dem Auto nach Berlin **gefahren**.
BUT: Ich **habe das Auto** nach Berlin **gefahren**.

d. The present perfect tense is used for past events that happened close to or are still going on in the present. Especially in conversation and in informal writing, the present perfect tense is preferred over the past tense.

ANWENDUNG

Wiederholen Sie die Sätze im Perfekt:

1. Sie glauben nicht an die Möglichkeit einer Wiedervereinigung.
2. Ich gehe zum Fußballstadion.
3. Sie waren in Deutschland. — *Sie sind in Deutschland gewesen*
4. Ich bleibe in Berlin.
5. Die Teilung Deutschlands wurde ein Problem.
6. Er fuhr das Auto nach Wien.

Er hat das Auto nach Wien gefahren

3. **The Past Perfect**

a. The past perfect tense consists of the past tense of the auxiliary verbs haben or sein and the past participle of the main verb. In all other respects, the rules discussed for the present perfect tense apply:

Vor dem Zweiten Weltkrieg **hatte** es ein Deutschland **gegeben**.
Wir **waren** schon vor dem Spiel nach Hause **gefahren**.

b. The past perfect tense is used for past events that happened before another event in the past.

ANWENDUNG

Wiederholen Sie die Sätze im Plusquamperfekt:

1. Unsere Mannschaft verlor das Spiel. *hatte das Spiel verloren*
2. Er fuhr nach Berlin.

Er war nach Berlin gefahren

3. Sie sind in Deutschland.
4. Sie blieb in Wien.
5. Der Spieler wurde berühmt.
6. Er fuhr das Auto nach Berlin.

4. **The Present Participle**

   a. The present participle is formed by adding the suffix **-d** to the infinitive of the verb:

   leben: lebend
   gehen: gehend

   b. Present participles are used as adjectives according to the rules discussed in Chapter 1:

   die nebeneinander **lebenden** Staaten

   ANWENDUNG

   Benutzen Sie das Partizip Präsens des gegebenen Verbs als attributives Adjektiv (Use the present participle of the given verb as attributive adjective):

   1. Ost-Berlin verlangt die Anerkennung _____ Grenzen. (existieren)
   2. Die _____ Mannschaft schießt noch ein Tor. (verlieren)
   3. Das _____ Kind lief vor ein _____ Auto. (spielen/fahren)

ÜBUNGEN

A. *Ändern Sie die folgenden Sätze zum Perfekt:*

In den Zeitungen steht, viele Bürger West-Berlins fahren in die DDR und ihre Hauptstadt. Dafür zahlt die Regierung der Bundesrepublik Einreisegebühren in ihrer Währung an Ost-Berlin. Warum ist das so? Seit dem Zweiten Weltkrieg gehen die Bundesrepublik und die DDR ihre eigenen Wege und entwickeln sich als zwei nebeneinander lebende Staaten. Manche sprechen von der Wiedervereinigung und denken: was wird aus dem aufgeteilten Deutschland? Aber weder der Westen noch der Osten machen sich große Illusionen. Keiner löst bis heute das Problem der Wiedervereinigung; es ist ein Problem, und es bleibt ein Problem. Bonn wünscht menschliche Erleichterungen, und Ost-Berlin verlangt die Anerkennung existierender Grenzen im ehemaligen Deutschland. Aber seit kurzer Zeit sehen viele Menschen Kompromißmöglichkeiten. Sicherlich gibt es immer ähnliche Probleme in der Welt, z.B. in Korea.

B. *Ändern Sie zum Plusquamperfekt:*

   1. Vor dem Spiel versammeln sich die Spieler auf dem Platz.
   2. Er war vor dem Krieg in Deutschland.

3. Der Politiker spricht vor der Reise nach Europa im Fernsehen.
4. Wenige Zuschauer gehen vor dem Spiel in die Kirche.
5. Kurz vor dem Ende des Spieles schießt der Spieler ein Tor.

C. *Ändern Sie zum Perfekt:*

1. Der Tag fängt an.
2. Sie steht auf.
3. Sie ißt (*eats*) Würstchen mit sehr wenig Senf.
4. Sie geht zur Universität.
5. Sie unterhält sich mit anderen Studenten.
6. Sie bleibt nicht lange dort.
7. Sie fährt wieder nach Hause.
8. In ihrer Freizeit sieht sie fern.
9. Manchmal trinkt (*drinks*) sie Bier.
10. Der Tag ist zu Ende.

D. *Ändern Sie die Sätze in Übung C zum Imperfekt (past tense):*

E. *Formen Sie Sätze aus den gegebenen Satzelementen und benutzen Sie das Verb in der gegebenen Zeit:*

1. (machen [pres. perf.]) Vor / kurz / Zeit / ich / eine / Reise / in / das / geteilt / Deutschland
2. (sein [pres.]) Beide / deutsch / Staat / heute / von / wirtschaftlich / und / kulturell / Bedeutung
3. (geben [past perf.]) Vor / der / Zweit- / Weltkrieg / es / nur / ein / Deutschland
4. (fahren [pres. perf.]) Natürlich / wir / auch / in / die / DDR
5. (sein [past]) In / Ost-Berlin / ich / schon / oft
6. (sich gern unterhalten [pres.]) Mit / der / Mensch [*pl.*] / dort / ich / immer
7. (fahren [pres. perf.]) Von / Ost-Berlin / wir / mit / der / Zug / nach / München
8. (sein [pres.]) München / eine / kulturell / bedeutend / Stadt
9. (trinken [pres. perf.]) Ich / dort / Bier
10. (fahren [pres. perf.]) Von / dort / nach / Köln / und / Hamburg / wir / mit / ein / Bus
11. (sein [pres. perf.]) An / der / folgend / Tag / wir / in / Kiel
12. (sein [past]) Die / kurz / Reise / von / Hamburg / nach / Kiel / mit / das / Auto / nicht / teuer
13. (fahren [pres. perf.]) Natürlich / ich / das / Auto / nicht
14. (gern Auto fahren [pres.]) Denn / ich / in / Deutschland / nicht
15. (kennenlernen [pres. perf.]) Ich / viele / Mensch / und / ihr / Problem
16. (wünschen [pres.]) Beide / in / Deutschland / existierend / Staat /

Zweimal Deutschland   27

   verbessert / Beziehung [pl.]
17. (erkennen [pres. perf.]) (Der / Politiker [pl.] / die / Bedeutung / verbessert / Beziehung [pl.]
18. (sein [pres.]) Aber / noch / nicht / alle / Problem / gelöst

F. *Übersetzen Sie ins Englische:*
   1. Noch vor kurzer Zeit kannte ich Deutschland nicht.
   2. Ich war sowohl in Ost-Berlin als auch in West-Berlin.
   3. Bis zum heutigen Tag ist das Problem der Wiedervereinigung nicht gelöst.
   4. Ich bin nach Hause gegangen.
   5. Ich esse gern Würstchen mit Senf.

G. *Sagen Sie auf deutsch:*
   1. I have traveled a lot by train in Europe.
   2. Neither the train nor the bus were expensive.
   3. In many respects, Europe is very different from the USA.
   4. Before the trip, I had read a lot about Switzerland.
   5. Until recently, both sides wanted improved relationships.

GESPRÄCHSTHEMEN

1. Was haben die Bundesrepublik und die DDR in der Industrie, im Sport und in der Kultur erzielt?
2. Glauben Sie an die Möglichkeit und Notwendigkeit einer Wiedervereinigung Deutschlands?

KLEINE AUFSATZTHEMEN

1. Vergleichen Sie zwei bedeutende amerikanische Bundesstaaten!
2. Vergleichen Sie die Bundesrepublik mit der DDR — sowohl wirtschaftlich als auch politisch!

VOKABULAR

ändern to change
die **Anerkennung** recognition
an·nehmen, nimmt, nahm, angenommen to take on
anscheinend apparently
auf·teilen to divide
besuchen to visit
die **Beziehung, -en** relation(ship)
der **Bürger, -** citizen

denken, dachte, gedacht to think; **zu denken geben** to give cause for thought
deshalb therefore
ehemalig former
eigen own
einander each other
einmal once
(sich) entfernen to move away

(sich) entwickeln to develop
der Erfolg, -e success
essen, ißt, aß, gegessen to eat
(das) Frankreich France
friedlich peaceful
glauben (an) to believe (in)
(das) Großbritannien Great Britain
gut good
heutig present, modern
die Industrie, -n industry
international international
inzwischen in the meantime
jedoch however
der Krieg, -e war
die Kultur, -en culture
kurz short
kürzlich recently
lang long
leben to live
leider alas; unfortunately
lesen, liest, las, gelesen to read
der Leser, - reader
menschlich human
mögen, mag/möchte, mochte, gemocht to like, to want to
die Möglichkeit, -en possibility
nebeneinander next to one another, side by side
die Organisation, -en organisation
der Osten East

der Politiker, - politician
positiv positive
das Problem, -e problem
die Regierung, -en government
der Reisende (ein Reisender), -n traveler
schlecht bad
die Seite, -n side; page
die Sowjetunion Soviet Union
sowohl ... als auch as well as
die Statistik, -en statistics, data
still still; quiet
still-stehen, stand, stillgestanden to stand still
der Student, -en student
trinken, trank, getrunken to drink
unabhängig independent
die Universität, -en university
verbessern to improve
die Vereinigten Staaten (von Amerika) United States (of America)
verlangen to demand
weder ... noch neither ... nor
der Weg, -e way; path
werden, wird, wurde, ist geworden to become
der Westen West
wünschen to wish
zahlen to pay
die Zeit, -en time
die Zeitung, -en newspaper

# Einmal im Jahr Urlaub

Wenn von Abenteuern¹ die Rede ist, denkt man sofort an einen Urlaub im Ausland. Denn ein solcher Urlaub in fernen Ländern ist im allgemeinen nicht nur interessant sondern auch aufregend². Die Deutschen und viele andere Mitteleuropäer³ geben für Auslandsreisen beinah soviel Geld aus wie die amerikanischen Europareisenden. Die Reisebüros⁴ und die Hotels, z.B. in der Schweiz und in Österreich erzählen alle dieselbe erfreuliche Geschichte: eine große Anzahl von Bundesbürgern⁵ reist im Sommer ins Ausland, und ihre Ausgaben⁶ für den Urlaub klettern unaufhaltsam⁷ nach oben. In den Monaten Juni, Juli und August sind die Bundesbürger ein Volk von Urlaubern, d.h. die Nation ist auf Reisen.⁸

Viele Länder leben heute vom Tourismus⁶, z.B. sind Italien, Jugoslawien und Spanien drei sehr beliebte und relativ billige Reiseziele⁹ der Bundesbürger. Obwohl die Bundesrepublik selbst nicht zu den traditionellen Reisezielen der Europäer gehört, sind dort 1,5 Millionen Menschen mehr in der Touristenindustrie tätig als in der Automobilindustrie. Die Touristen in der Bundesrepublik sind allerdings hauptsächlich die Deutschen selbst, d.h. noch ca. 45 Prozent aller deutschen Urlauber verbringen ihre Ferien im eigenen Land.

Wie fährt man in Deutschland in den Urlaub? Manche fliegen mit einem Charterflugzeug¹⁰ über den halben Kontinent oder sogar zu einem anderen Kontinent. Andere erreichen ihr Ferienziel hinter dem Steuer ihres Autos nach stundenlanger, anstrengender Fahrt auf verstopften¹¹ Autobahnen. Auch der Bus ist eine Möglichkeit, denn man sieht viel und sitzt bequem. Eine weitere Möglichkeit ist eine Ferienreise mit dem Zug. Die Züge in Europa sind so bequem, daß sie sich beinah mit Hotels vergleichen lassen. In den Speisewagen¹² gibt es

---

1. adventures. 2. exciting. 3. Central Europeans. 4. travel agencies. 5. West Germans. 6. expenses. 7. continually. 8. tourism. 9. travel destinations. 10. charter plane. 11. jammed. 12. dining cars.

Zwanzig Prozent aller Touristen aus der Bundesrepublik fahren mit dem Zug.

Einmal im Jahr Urlaub

morgens zum Frühstück z.b. Spiegeleier mit Speck und Kaffee. Mittags hat man im allgemeinen die Wahl zwischen drei oder vier Hauptgerichten[13], z.b. Fisch, Rindfleisch oder Schweinefleisch.[b] Und abends gibt es ein typisches kaltes Abendessen mit Butterbrot, Käse und Wurst. Natürlich gibt es dazu auch entweder ein Glas Bier oder Wein. Aber nicht nur einen Speisewagen hat ein Ferienzug, sondern natürlich auch einen Schlafwagen[14], damit der Tourist frisch und erholt an seinem Reiseziel ankommt. Leider sind jedoch diese Züge nicht billig, sie sind sogar so teuer, daß heutzutage nur noch 20 Prozent aller Touristen aus der Bundesrepublik mit dem Zug fahren. Vor zwanzig Jahren waren es noch 50 Prozent. Obwohl Benzin in Europa sehr teuer ist, ist eine Fahrt mit dem Auto im Vergleich immer noch billig.

Aber sicherlich ist es nicht so wichtig, wie man in die Ferien fährt, sondern daß man dieses Abenteuer überhaupt sucht. Wenn man nach drei Wochen unter fremden Menschen mit ungewöhnlichen Sitten[15] und exotischen Mahlzeiten müde und mit einem Sonnenbrand[16] und leerem Geldbeutel[17] wieder nach Hause zurückkehrt, ist man wieder arbeitsfähig. Mit der Ankunft zu Hause beginnt schon gleich das Sparen und Planen für den nächsten Urlaub — vielleicht das nächste Mal zur Fotosafari nach Kenia?

Bemerkungen

a. Employees in many Western European countries receive not only a thirteenth monthly salary as a Christmas bonus but also a vacation allowance called "Urlaubsgeld."

b. Typically, the main meal in European countries is eaten around noon, while the meal that corresponds more closely to the American lunch is eaten in the evening.

Wichtige Redewendungen und Konstruktionen

es ist die Rede von ...	*one speaks about ...*
im allgemeinen	*in general*
oder sogar	*or even*
nicht nur ... sondern auch	*not only ... but also*
im Vergleich	*by comparison*

Fragen

1. Wie ist ein Urlaub in fernen Ländern?

---

13. main courses.   14. sleeping car.   15. customs.   16. sun burn.   17. purse.

2. Wieviel Geld geben die Bundesbürger für Auslandsreisen aus?
3. Was für eine Geschichte erzählen die Reisebüros und Hotels in der Schweiz und in Österreich?
4. Welches sind beliebte Reiseziele der Bundesbürger?
5. Warum ist der Tourismus für manche Länder wichtig?
6. Gehört die Bundesrepublik zu den traditionellen Reisezielen der Europäer?
7. Wieviel Prozent der Bundesbürger verbringen ihre Ferien im eigenen Land?
8. Wie ist die Fahrt in den Urlaub auf der Autobahn?
9. Warum ist der Bus eine gute Möglichkeit für eine Fahrt in die Ferien?
10. Wie sind die Züge in Europa?
11. Was für Wagen haben die Ferienzüge?
12. Wieviel Prozent aller Touristen aus der Bundesrepublik fahren mit dem Zug?
13. Wieviel Prozent waren es vor zwanzig Jahren?
14. Was ist wichtig an einer Fahrt in den Urlaub?
15. Wie kehrt man aus den Ferien zurück?
16. Was beginnt nach der Rückkehr aus dem Urlaub?

GRAMMATIKALISCHE ERKLÄRUNGEN

1. **Word Order in Main Clauses**

    The basic rule for the word order in main clauses is that the conjugated verb always is in *second position*.

    a. In *normal word order*, the subject is in first position.

1st position	2nd position	
Er	ist	gern in Italien gewesen.

    b. If another sentence element is in first postion, the *word order* is *inverted*; this means that the subject directly *follows* the conjugated verb. Thus, the verb is still in second position:

	1st position	2nd position	
NORMAL:	Er	ist	in Italien gewesen.
INVERTED:	In Italien	ist	er gewesen.

    c. Main clauses may be combined by coordinating conjunctions like **aber, denn, doch, oder, sondern, und.** Coordinating conjunctions do not affect the word order in main clauses:

Einmal im Jahr Urlaub

Wir sind im Urlaub in Italien gewesen, **und ich habe** dort viel Interessantes gesehen, **aber** zu Hause **ist es** auch schön.

ANWENDUNG

A. *Beginnen Sie den Satz mit dem kursiv gedruckten Satzelement:*

1. An meinen nächsten Urlaub denke *ich* oft.
2. Ich bin noch nicht *in Kenia* gewesen.
3. Leider sind *diese Züge* nicht billig.
4. Man kann *z.B. mit dem Bus* fahren.

B. *Verbinden Sie die beiden Sätze mit der gegebenen Konjunktion:*

1. Ich spare jetzt. (und) Hoffentlich habe ich bald das Geld.
2. Viele Touristen fahren mit dem Auto. (denn) Die Züge sind sehr teuer.
3. Sie fahren nicht nach Kenia. (sondern) Sie bleiben in Deutschland.

2. Word Order in Questions

In questions, *inverted word order* is used.

a. In questions that are introduced by a question word, the question word is in first position:

Wo ist er im Urlaub gewesen?

b. In questions that are not introduced by a question word (these can only be answered by *yes* or *no* and are, therefore, sometimes called yes/no-questions), the conjugated verb is in first position:

Ist er im Urlaub in Italien gewesen?

ANWENDUNG

A. *Fragen Sie nach dem kursiv gedruckten Satzelement mit dem gegebenen Fragewort, und beantworten Sie die Frage:*

1. *Der berühmte Fußballspieler* ist in Italien im Urlaub. (wer)
2. Wir haben *ihn* dort gesehen. (wen)
3. Du ißt *Fisch* als Hauptgericht. (was)
4. *Der Wein im Speisewagen* ist teuer. (was)

B. *Formen Sie ja/nein Fragen und beantworten Sie sie:*

1. Sie waren schon in Kenia.
2. Sie trinken gern Bier.
3. Der Ferienzug hat auch einen Schlafwagen.

3. Word Order in Dependent Clauses

Dependent clauses depend on another clause; they are also called subordinated clauses.

a. In dependent clauses introduced by a subordinating conjunction (see the list below), *dependent word order* is used: the conjugated verb is at the end of the clause.

Er sagt, daß er nach Italien gefahren **ist**, weil er gern italienischen Wein **trinkt**.

Note that separable prefixes are combined with the conjugated verb:

Ich bin unglücklich, wenn ich aus dem Urlaub nach Hause **zurückkehre**.

b. The subordinating conjunction **daß** may be left out; the word order in the dependent clause is then the same as in main clauses, either normal or inverted:

DEPENDENT: Er sagt, daß er gern in Italien gewesen **ist**.
NORMAL: Er sagt, er **ist** gern in Italien gewesen.
INVERTED: Er sagt, in Italien **ist** er gern gewesen.

c. If the dependent clause precedes the main clause, the word order in the main clause is *inverted*, because the dependent clause is then considered to be the first element of the main clause:

Wenn ich aus dem Urlaub nach Hause zurückkehre, **bin ich** unglücklich.

d. If a subordinating conjunction is preceded by a coordinating conjunction, the subordinating conjunction determines the word order:

Er sagt, daß er in Italien **war** und daß er bald wieder **hinfährt**.

e. Some frequently used subordinating conjunctions are:

als	when	**obwohl**	although
bevor	before	**seit, seitdem**	since (temporal)
bis	until	**sobald**	as soon as
da	since (causal); as	**so daß**	so that
damit	so that	**solange**	as long as
daß	that	**während**	while
nachdem	after	**weil**	because
ob	whether	**wenn**	if; when

Note that for the English conjunction *when* there are two different German conjunctions, **als** and **wenn**:

als is used for *single* events in the *past*:

Als wir mit dem Auto nach Kiel **fuhren**, war die Autobahn verstopft.

Einmal im Jahr Urlaub

wenn is used for *single* events in the *present* and *future* and for *recurring* events in *all tenses:*

Wenn ich heute abend nach Hause **komme**, sehe ich mir das Fußballspiel im Fernsehen an.
(Immer) **wenn** wir mit dem Auto in den Urlaub **fuhren**, waren die Autobahnen verstopft.

Keep in mind that the meaning of *when* used as a question word is **wann**:

Wann fahren Sie in den Urlaub?

ANWENDUNG

Verbinden Sie die beiden Sätze mit der gegebenen Konjunktion:

1. Ich schlafe. (weil) Ich bin müde.
2. Er glaubt. (daß) Der Zug hat einen Speisewagen.
3. Er sagt. (—) Er ißt gern Fisch.
4. Sie fahren mit dem Auto. (damit) Sie geben nicht soviel Geld für den Urlaub aus.
5. (wenn) Sie kommen nach Hause. Der Geldbeutel ist leer.
6. Er sagte. (daß) Er war müde. (und daß) Er hatte einen Sonnenbrand.

ÜBUNGEN

A. *Beginnen Sie den Satz mit dem kursiv gedruckten Satzelement:*

1. Die bekannten Spieler sind *für viele Fußballanhänger* Nationalhelden.
2. Tausende von Menschen haben sich *dort* versammelt.
3. Die Reise ist *oft* zu weit und zu teuer gewesen.
4. Man schießt den Ball *meistens* mit dem Fuß.
5. Nur die Torwächter berühren den Ball *mit den Händen.*
6. Ich habe nicht gern *Würstchen* gegessen.
7. HSV ist *z.B.* eine bekannte Fußballmannschaft.
8. Die andere Mannschaft gewinnt hoffentlich *das nächste Mal.*

B. *Verbinden Sie die beiden Sätze mit der gegebenen Konjunktion:*

1. Wir waren im Urlaub in Italien. Ich bin gern dort gewesen. (und)
2. Sie waren in der Schweiz. Das nächste Mal fahren sie nach Kenia. (aber)
3. Dort fahre ich nicht hin. Ich habe kein Geld. (denn)
4. Urlaub ist schön. Zu Hause ist es nicht so anstrengend. (doch)
5. Wir waren nicht in Österreich. Wir sind in Deutschland geblieben. (sondern)
6. Wir fahren mit dem Zug in den Urlaub. Wir benutzen unser eigenes Auto. (oder)

C. Formen Sie Fragen:

1. Diese Statistik hat man kürzlich in der Zeitung gelesen. (wo)
2. Man hatte das ehemalige Deutschland 1945 aufgeteilt. (wann)
3. Sowohl in der DDR als auch in der Bundesrepublik hat man sich Illusionen um eine Wiedervereinigung gemacht. (yes/no-question)
4. Deutschland ist einmal ein Staat gewesen. (was)
5. Beide Staaten haben sich voneinander entfernt. (warum)
6. Bis zum heutigen Tag gibt es noch Probleme. (yes/no-question)
7. Die Beziehungen sind nicht immer sehr gut gewesen. (wie)
8. Beide Staaten haben gemeinsame Interessen. (yes/no-question)

D. Fragen Sie nach den kursiv gedruckten Satzelementen, und beantworten Sie die Fragen:

1. *In Italien* war ich schon oft.
2. Nach Österreich fährt er immer nur *im Sommer*.
3. Sie war im letzten Jahr in Deutschland. (ja/nein)
4. Nach Kenia fahre ich nicht, *weil ich kein Geld habe.*
5. Aber Deutschland finde ich auch *gut.*
6. *Französischen Wein* trinkt er sehr gern.
7. Viele Menschen essen gern exotische Mahlzeiten. (ja/nein)
8. *Die Besitzer von Hotels in Österreich* erzählen dieselbe erfreuliche Geschichte.

E. Verbinden Sie die beiden Sätze mit der gegebenen Konjunktion. Machen Sie den ersten Satz abhängig (dependent) von dem zweiten:

1. Wir fahren in den Urlaub. Ich lese viel über das Land. (bevor)
2. Er hat kein Geld. Er reist gern. (obwohl)
3. Man fährt mit dem Auto in die Ferien. Die Autobahnen sind immer verstopft. (wenn)
4. Es ist bequem. Sie benutzt den Zug. (weil)
5. Ich war in Italien. Ich spreche Italienisch. (seit)
6. Sie hatten Wien besucht. Sie blieben einige Tage in Salzburg. (nachdem)
7. Wir fahren nach Italien oder Österreich. Ich weiß noch nicht. (ob)
8. Ich komme heute nach Hause. Ich trinke italienischen Wein. (wenn)
9. Wir sind im Urlaub. Wir geben viel Geld aus. (während)
10. Ich kam aus dem Urlaub zurück. Ich hatte einen Sonnenbrand. (als)

F. Verbinden Sie die beiden Sätze mit der entsprechenden deutschen Konjunktion an der gegebenen Stelle:

1. Die Schweiz ist ein mitteleuropäisches Land. (*and*) Ihre Hauptstadt ist Bern.
2. Ich lese in der Zeitung. (*that*) Viele West-Berliner fahren in die DDR.

Einmal im Jahr Urlaub

3. Sie fährt gern nach Italien. (*because*) Sie lernt dort viele interessante Menschen kennen.
4. (*when*) Er war in Österreich. Er hat auch Wien besucht.
5. Im nächsten Jahr fliegen wir nach Kenia. (*or*) Wir bleiben in Deutschland.
6. (*when*) Ich kam aus Frankreich zurück. Mein Geldbeutel war immer leer.
7. (*after*) Er hatte ferngesehen. Er las die Zeitung.
8. Wir fahren nicht nach Europa. (*for*) Wir haben kein Geld.
9. Das Spiel beginnt. (*when*) Der Schiedsrichter pfeift.
10. Sie fahren gern nach Deutschland. (*but*) Sie sprechen nicht sehr gut Deutsch.

G. *Übersetzen Sie ins Englische:*

1. Er spricht nicht nur Französisch, sondern auch Italienisch.
2. Es war die Rede von der Wiedervereinigung Deutschlands.
3. Im Vergleich mit dem Zug ist das Auto immer noch billig.
4. Ich esse exotische Mahlzeiten im allgemeinen sehr gern.
5. Manche Touristen zahlen 1 000 DM oder sogar 2 000 DM für ihren Urlaub.

H. *Sagen Sie auf deutsch:*

1. When do you return from your vacation?
2. I believe the reunification of Germany is not necessary.
3. When I came home, I ate fried eggs.
4. Have you been in Switzerland?
5. I always visited Vienna when I was in Austria.

GESPRÄCHSTHEMEN

1. Wo waren Sie kürzlich im Urlaub, und wie sind Sie zu Ihrem Urlaubsziel gefahren?
2. Was wird Ihr nächstes Urlaubsziel sein und warum?
3. Warum ist ein Urlaub immer so teuer?

KLEINE AUFSATZTHEMEN

1. Beschreiben Sie eine Reise im Zug!
2. Fährt man in Amerika auch mit dem Zug in den Urlaub, und ist es so billig wie mit dem Auto?
3. Beschreiben Sie, wie Sie im allgemeinen aus dem Urlaub zurückkehren!

VOKABULAR

das **Abendessen**, - dinner
  abends in the evenings
  abhängig dependent
  allerdings however
  allgemein general
der **Amerikaner**, - American (citizen)
  an·kommen, kam, ist angekommen to arrive
die **Anzahl** number
  arbeitsfähig able to work
das **Ausland** abroad, foreign countries
die **Autobahn, -en** freeway
  beginnen, begann, begonnen to begin
  beliebt popular
das **Benzin** gasoline
  bequem comfortable
  billig cheap
das **Butterbrot, -e** sandwich
der **Deutsche, -n (ein Deutscher)** German (citizen)
  erfreulich delightful, pleasant
  erholt recovered
  erreichen to reach
  erzählen to tell
die **Fahrt, -en** trip
die **Ferien** (*pl.*) vacation
  fern distant
der **Fisch, -e** fish
  fliegen, flog, ist geflogen to fly
  fremd foreign, strange
  frisch fresh
das **Frühstück** breakfast
  gehören (zu) to belong to
das **Geld, -er** money
die **Geschichte, -n** story; history
das **Glas, ¨er** glass
  hauptsächlich mainly
  heutzutage nowadays
das **Hotel, -s** hotel
  interessant interesting
(das) **Italien** Italy
(das) **Jugoslawien** Yugoslavia
der **Käse**, - cheese
der **Kaffee, -s** coffee
  kalt cold
  klettern, ist geklettert to climb

  kommen, kam, ist gekommen to come
  leer empty
die **Mahlzeit, -en** meal
  mehr ... als more ... than
  mittags at noon
  morgens in the mornings
  müde tired
die **Nation, -en** nation
  oben above; **nach oben** upwards
  planen to plan
das **Prozent, -e** percent
die **Rede, -n** talk, speech
  reisen, ist gereist to travel
das **Rindfleisch** beef
  sagen to say
das **Schweinefleisch** pork
  selbst self
  sogar even
der **Sommer**, - summer
  soviel so much
(das) **Spanien** Spain
  sparen to save
der **Speck** bacon
das **Spiegelei, -er** fried egg
das **Steuer**, - steering wheel
  stundenlang for hours
  suchen to seek; to look for
  tätig active
der **Tourist, -en** tourist
  traditionell traditional
  typisch typical
  überhaupt at all
  ungewöhnlich unusual
der **Urlaub, -e** vacation
der **Urlauber**, - vacationer
  verbinden, verband, verbunden to connect, combine; to associate
der **Vergleich, -e** comparison
das **Volk, ¨er** people
die **Wahl, -en** choice
der **Wein, -e** wine
  weiter further
die **Woche, -n** week
die **Wurst, ¨e** sausage
  zurück·kehren, ist zurückgekehrt to return

5 Osten oder Westen?

Die DDR ist ein sogenannter sozialistischer Staat, während man die drei anderen deutschsprachigen[1] Länder im allgemeinen als kapitalistische Länder bezeichnet. Wie lassen sich die Unterschiede dieser zwei Systeme beschreiben? Ist das eine System besser als das andere? Ein einfaches Ja oder Nein auf diese Frage ist sicherlich überhaupt keine Antwort, sondern ist bestenfalls ein Beweis für ideologische Vorurteile[2]. Wenn man vom Lebensstandard ausgeht, läßt sich sagen, daß die Bundesrepublik, Österreich und die Schweiz im Westen und die DDR im Osten zu den Ländern mit dem jeweils höchsten Lebensstandard gehören. Dennoch sind bedeutende Unterschiede festzustellen.

Wenn z.B. Touristen aus dem Westen einmal für einen Nachmittag Ost-Berlin besuchen, fallen ihnen sofort verschiedene Dinge als anders und ungewohnt auf. Schon beim Grenzübergang[3] geht die Paßkontrolle[4] sehr viel langsamer und schärfer als in den westlichen Ländern voran; d.h. sowohl die Einreise nach Ost-Berlin als auch die Ausreise aus Ost-Berlin ist sehr viel komplizierter, als wir es im reisefreudigen[5] Westen kennen.

Die Unterschiede werden jedoch am klarsten bei einem Vergleich der wirtschaftlichen und kulturellen Lebensqualität in den westlichen Ländern und in der DDR. Zweifellos ist die Lebensqualität in der DDR auf der Ebene der Konsumgüter[6] niedriger als z.B. in der Schweiz. Wie macht sich diese niedrigere Lebensqualität bemerkbar? Wenn man nach dem Grenzübergang zu Fuß nach Ost-Berlin hineingeht, bemerkt man, daß die Kleidung der Einwohner anders ist als in West-Berlin, nur ein paar Minuten entfernt. Die Farben sind weniger grell, und der Schnitt der Anzüge, Kleider und Mäntel scheint einfacher. Obwohl die Kleidung der Ost-Berliner nicht mehr so grau wirkt wie früher, ist der Gesamteindruck[7] dennoch eintönig[8] und einfach. Spätestens nach ein

---

1. German-speaking. 2. ideological bias. 3. border crossing. 4. passport control. 5. travel-happy. 6. consumer goods. 7. overall impression. 8. monotonous.

West-Berlin: Kurfürstendamm

Ost-Berlin: Alexanderplatz

Osten oder Westen?

paar Schritten bemerkt der Besucher aus dem Westen, daß die gesamte Atmosphäre sehr viel stiller und ereignisloser ist, als er es gewöhnt ist. Der Grund hierfür ist unter anderem (u.a.), daß nicht nur weniger Fußgänger zu sehen sind, sondern daß auch der Autoverkehr viel geringer als im Westen ist. Es gibt bedeutend weniger Autos hier, und außerdem sind sie kleiner und oft älter, als wir es kennen. Am Abend scheint es in Ost-Berlin dunkler zu sein als in West-Berlin.

Aber vielleicht macht man am besten einen Schaufensterbummel[9] Unter den Linden[a] oder am Alexanderplatz[b], von den Berlinern einfach Alex genannt, denn hier gibt es eine große Anzahl von Geschäften. In den Schaufenstern sind natürlich viele Waren ausgestellt, aber die Qualität und Auswahl[10] läßt sich nicht vergleichen mit dem Luxus in den Geschäften auf dem Kurfürstendamm[c]. Obwohl die Schaufenster in Ost-Berlin den Anschein erwecken, als ob es dort mehr oder weniger alles gibt, ist die Wirklichkeit anders. Viele der ausgestellten Waren sind nur nach längerer Wartezeit[11] und zu enorm hohen Preisen erhältlich. Natürlich sind auch im Westen die Preise höher, als man es wünscht, und natürlich kennt man auch hier Wartezeiten, aber im allgemeinen lebt man im Westen sicher bequemer als im Osten.

Auf der Ebene der Kultur allerdings scheint die Lebensqualität in der DDR im Vergleich zu den westlichen Ländern höher zu sein. Museen, Symphonien und Theater z.B. sind staatlich subventionierte Unternehmungen, d.h. eigentlich volkseigene Betriebe[12], und haben daher oft mehr Geld, als dies im allgemeinen im Westen der Fall ist. Z.B. gibt es in der DDR verschiedene berühmte Museen wie das Pergamonmuseum[d], hervorragende musikalische Gruppen wie der Dresdener Thomas-Chor[e] und fabelhafte Theater wie das Theater am Schiffbauerdamm[f]. Die kulturellen Institutionen sind im Osten häufig besser besucht als im Westen, was einem westlichen Theaterbesucher sofort auffällt. Das hängt zum Teil (z.T.) damit zusammen, daß die Preise für Eintrittskarten dort niedriger sind. Im Westen sind sie teurer, weil die staatlichen Subventionen geringer sind, wenn es sie überhaupt gibt. Ein weiterer Grund für die große Beliebtheit von kulturellen Veranstaltungen ist vielleicht auch, daß es in der DDR weniger Ablenkungen[13] gibt.

Alles dieses fällt einem, wie gesagt, schon bei einem flüchtigen Besuch in der sozialistischen DDR auf; andere wichtige Punkte für einen Vergleich der Lebensqualität im Osten und im Westen sind z.B. sicherlich das Bildungswesen[14] und das System sozialer Sicherheiten[15]. Es ist jedoch anzunehmen[16], daß die Unterschiede zwischen dem Osten und dem Westen auf allen Ebenen unwichtiger werden, weil die

---

9. to go window-shopping. 10. selection. 11. waiting period. 12. publicly owned businesses. 13. diversions. 14. educational system. 15. health and welfare. 16. can be assumed.

Gegensätze zwischen den sogenannten "armen" Ländern im Süden 70
und den sogenannten "reichen" Ländern im Norden in der Zukunft
immer wichtiger werden.

Bemerkungen

a. An avenue in East Berlin, named after its linden trees. Before the war, it was the most important street of all Berlin; to this day, Humboldt-Universität and the opera house are located here.
b. Famous plaza in East Berlin surrounded by stores, restaurants, and governmental buildings.
c. Called "Kudamm" by the Berliners; it is one of the most elegant shopping streets in the Federal Republic.
d. Famous for its Greek altar dedicated to Zeus and Athena, originally erected c. 200 B.C., now on exhibition in East Berlin.
e. Internationally known choir, named after the church, the Thomas-Kirche in Leipzig, which is its home.
f. This theater has become particularly famous for its productions of plays by Bertolt Brecht (1898–1956).

Wichtige Redewendungen und Konstruktionen

mehr als	more than
immer mehr	more and more
zu Fuß gehen	to go by foot
unter anderem (u.a.)	among other things
den Anschein erwecken	to create the impression
mehr oder weniger	more or less
zum Teil (z.T.)	partly
wie gesagt	as said; as mentioned

Fragen

1. Was für ein Staat ist die DDR?
2. Wie bezeichnet man die drei anderen deutschsprachigen Länder?
3. Was läßt sich über den Lebensstandard in den vier Ländern sagen?
4. Wie ist die Paßkontrolle an den Grenzübergängen nach Ost-Berlin?
5. Wie ist die Einreise nach Ost-Berlin im Vergleich zu einem Grenzübergang von einem westlichen Land in ein anderes westliches Land?
6. Wann werden die Unterschiede zwischen dem Osten und dem Westen am klarsten?
7. Wie ist die Lebensqualität auf der Ebene der Konsumgüter in der DDR im Vergleich mit der Schweiz?

Osten oder Westen?

8. Was bemerkt man, wenn man zu Fuß nach Ost-Berlin hineingeht?
9. Wie ist die gesamte Atmosphäre in Ost-Berlin?
10. Warum ist die Atmospäre in Ost-Berlin so?
11. Wie sind die Autos in Ost-Berlin?
12. Wo befinden sich viele Geschäfte in Ost-Berlin?
13. Wie ist die Lebensqualität auf der Ebene der Kultur in der DDR im Vergleich zu westlichen Ländern?
14. Was läßt sich über die kulturellen Institutionen im Osten sagen?
15. Wie sind die Preise für Eintrittskarten im Osten?
16. Warum sind die Preise im Westen teurer?
17. Was sind z.b. andere wichtige Punkte bei einem Vergleich der Lebensqualität im Osten und im Westen?
18. Was läßt sich vielleicht über den Unterschied zwischen dem Osten und dem Westen in der Zukunft sagen?

GRAMMATIKALISCHE ERKLÄRUNGEN

1. **Comparison of Adjectives and Adverbs**

   a. As a general rule, the comparative is formed by adding **-er**[1], and the superlative is formed by adding **-(e)st** to the positive form:

langsam	langsam**er**	langsam**st-**
frisch	frisch**er**	frisch**est-**
berühmt	berühmt**er**	berühmt**est-**

   In addition, the stem vowel in most common monosyllabic adjectives is umlauted:

alt	älter	ältest-
kurz	kürzer	kürzest-

   Note the following irregular forms:

groß	größer	größt-
gut	besser	best-
hoch	höher	höchst-
nah	näher	nächst-
viel	mehr	meist-

   b. If used as *attributive adjectives*, the comparative and superlative take endings according to the rules discussed in Chapter 1:

   ein größeres Auto; das größte Auto

   If used as *predicative adjective* or as *adverb*, the comparative does not take endings:

---

1. Note that **dunkel, teuer, trocken** (dry) form the following comparatives: **dunkler, teurer, trockner**.

Das Auto ist **teurer** und fährt **schneller**.

The superlative is used with **am** and the ending **-en:**

Dieses Auto ist **am** teuer**sten** und fährt **am** schnell**sten**.

Note the irregular comparison of the adverb **gern:**

Er fährt **gern** mit dem Auto.
Sie fährt **lieber** mit dem Bus.
Wir fahren **am liebsten** mit dem Zug.

ANWENDUNG

Fügen Sie die richtige Form des Positivs, Komparativs und Superlativs ein:

1. (groß)

   Afrika ist ein _____ Kontinent.
   Amerika ist ein _____ Kontinent.
   Asien ist der _____ Kontinent.

2. (teuer)

   Eine Reise mit dem Auto ist _____ .
   Eine Reise mit dem Zug ist _____ .
   Eine Reise mit dem Flugzeug ist _____ .

3. (gern)

   Zu einem Fußballspiel gehe ich _____ .
   Ins Museum gehe ich _____ .
   Ins Theater gehe ich _____ .

c. If *equal terms* are compared, **so** + positive + **wie** is used:

Das eine Auto fährt **so schnell wie** das andere.
The one car goes as fast as the other one.

If unequal terms are compared, the comparative + **als** is used:

Dieses Auto ist **teurer als** das andere.
This car is more expensive than the other one.

To indicate a *progressive increase*, **immer** + comparative is used:

Das Auto fuhr **immer schneller.**
The car went faster and faster.

ANWENDUNG

Sagen Sie auf deutsch:

1. This museum is as good as the other one.
2. The theater in East Berlin is better than in West Berlin.

Osten oder Westen?

3. Only few articles become cheaper and cheaper.

2. **Adjectives Used as Nouns**

   a. Adjectives and participles may be used as nouns. They are capitalized and take weak or strong adjective endings according to the rules discussed in Chapter 1:

   der Deutsche; ein Deutsch**er**
   der Kranke; ein Krank**er** *(sick person)*
   der Reisende; ein Reisend**er**
   der Angeklagte; ein Angeklagt**er** *(defendant)*

   b. Following **etwas, mehr, nichts, viel, wenig,** adjectives used as neuter nouns take *strong* endings; following **alles,** they take *weak* endings:

   Ich habe in Ost-Berlin **viel** Interessant**es** gesehen.
   Er hat mir schon **alles** Wichtige von der Reise erzählt.

ANWENDUNG

Fügen Sie die richtig Endung ein:

1. Ich habe mich mit einem Deutsch ___ unterhalten.
2. In Berlin trifft man Reisend ___ aus der ganzen Welt.
3. Sie hat die Krank ___ *(pl.)* besucht.
4. Wir versuchten alles Möglich ___ .
5. Es gab nur wenig Neu ___ .

ÜBUNGEN

A. *Fügen Sie die richtige Form des Komparativs ein:*

1. Die _____ Autos sieht man in Ost-Berlin. (klein)
2. Österreich ist ein _____ Reiseziel als die Bundesrepublik. (beliebt)
3. _____ Bier trinkt er lieber. (kalt)
4. Die _____ Zuschauer schreien und pfeifen. (fanatisch)
5. Ein Porsche fährt _____ als ein VW. (schnell)
6. Ich kenne kein _____ System. (gut)
7. Fußball ist ein _____ Sport als Basketball. (beliebt)
8. Dieser Fernseher ist schon _____ . (alt)
9. Meine Urlaubsreise in diesem Jahr war _____ als vor einem Jahr. (kurz)
10. Der Fußballspieler lief immer _____ . (langsam)
11. Den _____ Lebensstandard gibt es in der Bundesrepublik. (hoch)
12. Hamburg ist _____ als München. (nah)
13. Sie spricht _____ Deutsch. (gern)
14. Frankreich ist ein _____ Reiseland als Österreich. (teuer)

15. _____ Eintrittskarten gibt es in Ost-Berlin. (billig)

B. Fügen Sie die richtige Form des Superlativs ein:

1. Der Februar ist der _____ Monat des Jahres. (kurz)
2. Der 21. Juni ist der _____ Tag im Jahr. (lang)
3. Fußball ist der _____ Sport in Deutschland. (beliebt)
4. Sie trinkt _____ dunkles Bier. (gern)
5. Die Schweiz ist das _____ der vier Länder. (klein)
6. Eine Reise mit dem Bus ist _____ . (bequem)
7. Der Porsche ist eines der _____ Autos. (schnell)
8. Ferne Länder sind für mich _____ . (interessant)
9. Der Kölner Dom ist die _____ Kirche in Deutschland. (berühmt)
10. Deutsch ist nicht die _____ Sprache. (schwer)
11. Frischer Kaffee ist _____ . (gut)
12. Der Januar ist der _____ Monat. (kalt)
13. In Prag ist die _____ deutschsprachige Universität. (alt)
14. Berlin ist die _____ Stadt in Deutschland. (groß)
15. Am Kurfürstendamm sind die _____ Geschäfte. (viel)

C. Fügen Sie die richtige Endung ein:

1. Der Angeklagt__ sagte nicht viel.
2. Die Reisend__ unterhielten sich über das Museum.
3. Der Krank__ sah den ganzen Tag fern.
4. Deutsch__ fahren gern in den Urlaub.
5. Ich esse gern etwas Frisch__ .
6. Er erzählte nichts Wichtig__ .
7. Auf einer Reise sieht man viel Ungewöhnlich__ .
8. Wir verstanden alles Wichtig__ .

D. Übersetzen Sie ins Englische:

1. Ich gehe immer zu Fuß zur Universität.
2. Als ich in Ost-Berlin war, habe ich u.a. das Pergamon-Museum besucht.
3. Die Lebensqualität auf der Ebene der Kultur ist, wie gesagt, in der DDR höher als in der Bundesrepublik.
4. Ost-Berlin erweckt z.T. den Anschein, als ob es dort ereignisloser ist als in West-Berlin.
5. Wir haben uns mehr oder weniger an das kapitalistische System gewöhnt.

E. Sagen Sie auf deutsch:

1. Austria is a larger country than Switzerland.

2. Admission tickets for cultural events become more and more expensive.
3. Is one system as good as the other one?
4. Cars in East Berlin are smaller than in West Berlin.
5. The quality of life on the cultural level is as important as the quality of life on the level of consumer goods.

GESPRÄCHSTHEMEN

1. Welche Unterschiede gibt es zwischen Ost-Berlin und West-Berlin?
2. Warum ist die Lebensqualität auf der Ebene der Kultur in der DDR höher?
3. Wie wichtig sind Konsumgüter für die Lebensqualität?
4. Welches sind andere wichtige Punkte für einen Vergleich der Lebensqualität im Osten und im Westen?

KLEINE AUFSATZTHEMEN

1. Warum nennt man die DDR einen sozialistischen Staat?
2. Ein Besuch in einem sozialistischen Land.
3. Finden Sie das kapitalistische oder das sozialistische System besser?

VOKABULAR

der **Abend, -e** evening
alt alt
der **Angeklagte, -n (ein Angeklagter)**
  defendant
der **Anschein** impression
die **Antwort, -en** answer
der **Anzug, ¨-e** suit
arm poor
die **Atmosphäre, -n** atmosphere
auf·fallen, fällt, fiel, ist aufgefallen to occur to
auf·nehmen, nimmt, nahm, aufgenommen to take up
aus-gehen von, ging, ist ausgegangen to consider
die **Ausreise, -n** departure
außerdem besides
aus·stellen to exhibit
der **Autoverkehr** car traffic
die **Beliebtheit** popularity
  sich bemerkbar machen to become noticeable

bemerken to notice
beschreiben, beschrieb, beschrieben
  to describe
bestenfalls at best
der **Besuch, -e** visit
der **Besucher, -** visitor
der **Beweis, -e** proof
bezeichnen to denote, call
daher therefore
dennoch nevertheless
das **Ding, -e** thing
dunkel dark
die **Ebene, -n** level, plain
eigentlich actually
einfach simple
die **Einreise, -n** arrival
die **Eintrittskarte, -n** admission ticket
enorm enormous
ereignislos uneventful
erhältlich available
erwecken to give rise to
fabelhaft fabulous

der **Fall, ⸚e** case
die **Farbe, -n** color
   fest-stellen to notice
   flüchtig in passing, quickly
   früher formerly
der **Fußgänger, -** pedestrian
der **Gegensatz, ⸚e** contrast
   gering little, small
   gesamt total
das **Geschäft, -e** store
   gewöhnt sein to be accustomed to
   grau grey
   grell bright, glaring
der **Grund, ⸚e** reason
die **Gruppe, -n** group
   häufig frequently
   hervorragend excellent
   hierfür for this
   hinein-gehen, ging, ist hineingegangen to go into
   hoch high
die **Institution, -en** institution
   jeweils respectively
   kapitalistisch capitalistic
   klar clear
das **Kleid, -er** dress
die **Kleidung** clothing
   kompliziert complicated
der **Kranke, -n (ein Kranker)** sick person
   langsam slow
die **Lebensqualität** quality of life
der **Lebensstandard** standard of living
der **Luxus** luxury
der **Mantel, ⸚** coat
das **Museum, Museen** museum
   musikalisch musical
der **Nachmittag, -e** afternoon
   nennen, nannte, genannt to name, to call
   niedrig low

der **Norden** north
   paar few
der **Preis, -e** price
der **Punkt, -e** point; area
die **Qualität, -en** quality
   reich rich
   scharf severe
das **Schaufenster, -** display window
   scheinen, schien, geschienen to appear
der **Schnitt, -e** cut
der **Schritt, -e** step
   sofort at once
   sogenannt so-called
   spätestens at the latest
   staatlich public; national
die **Subvention, -en** subsidy
   subventionieren to subsidize
der **Süden** south
die **Symphonie, -n** symphony
das **System, -e** system
das **Theater, -** theater
   trocken dry
   überhaupt at all
   ungewohnt unusual
die **Unternehmung, -en** enterprise; undertaking
der **Unterschied, -e** difference
die **Veranstaltung, -en** event
   vielleicht perhaps
   voran-gehen, ging, ist vorangegangen to take place
die **Ware, -n** merchandise
   wenig little; few
   westlich western
   wirken to appear
die **Wirklichkeit** reality
   zweifellos without doubt
die **Zukunft** future
   zusammen-hängen mit, hing, zusammengehangen to be caused by

6 Wien, die Stadt des Alten und des Neuen

Wenn man heute als Ausländer Wien besucht, kann man nicht nur die Hauptstadt der modernen Bundesrepublik Österreich kennenlernen, sondern auch die Haupt- und Residenzstadt[1] eines viele Völker umfassenden Reiches, der ehemaligen[2] kaiserlichen und königlichen (k. u. k.) Donaumonarchie[a]. Im allgemeinen verbindet man mit Österreich eine amüsante Mischung aus Wintersport, Kaiserschmarrn[b] und Walzermusik. Obwohl diese Merkmale tatsächlich sehr typisch sind, haben Österreich und die Donaustadt sehr viel mehr zu bieten.

Die lange und wechselhafte[3] Geschichte Österreichs hat überall in Wien ihre Spuren hinterlassen. Die Verbindung von vergangener Größe und unsterblichem Wiener Charme[4] läßt Wien als die „österreichischste" aller Städte erscheinen, und dieser einmaligen Stimmung kann sich auch der ausländische Besucher nicht entziehen[5].

Versuchen wir, die Erinnerungen und Eindrücke dieses Besuchers ein wenig mitzuerleben. Wenn ihm der Ober eines Wiener Kaffeehauses mit seinem diensteifrigen[6]: „Küß die Hand, gnä' Frau! Habe die Ehre, der Herr!"[c] die Melange[d] und das Glas Wasser bringt, muß er sicher an die zweite erfolglose Belagerung[7] der Stadt durch die Türken im Jahr 1683 denken. Denn für die Wiener brachte dieses Ereignis die Bekanntschaft mit dem von den Türken zurückgelassenen Kaffee und die nachfolgende Einrichtung der Kaffeehäuser; für das christliche Abendland bedeutete es die erfolgreiche Zurückweisung[8] des mohammedanischen[9] Angriffs.

Aber dies war nicht der Anfang der Geschichte Wiens. Die Daten aus der früheren Zeit sind unserem Besucher, einem typischen Bildungsreisenden[10], natürlich aus dem Reiseführer genau bekannt: die ersten historischen Anfänge gehen bis auf mehrere Jahrhunderte vor Christus zurück. Im ersten Jahrhundert vor Christi Geburt kamen die Römer an

---

1. seat of the court.   2. former.   3. changing.   4. grace.   5. evade.   6. obliging.   7. siege.   8. repulsion.   9. islamic.   10. intellectual traveler.

49

Wien

Kaffehaus Demel

Staatsoper

Wien, die Stadt des Alten und des Neuen

die Donau und erbauten in der Gegend der heutigen Innenstadt Wiens ein Kastell[11] mit dem Namen Vindobona. Später hinterließen andere Völker wie z.B. die Goten, Vandalen und Hunnen[12] ihre Spuren. Im Jahr 1529 fand die erste erfolglose Belagerung der Stadt durch die Türken statt; 1556 wurde Wien habsburgische Kaiserstadt.[e]

Ungefähr zur Zeit der zweiten Belagerung im Jahr 1683 begann Wien sein Gesicht zu wandeln[13]: Die barocke Architektur verdrängte[14] die mittelalterlich-gotischen Züge[15] der Stadt. In dieser Zeit ließen die Kaiser und die Kaiserin Maria Theresia (1740–1780) überall innerhalb und außerhalb der Stadt elegante Schlösser und Paläste bauen.

In den Jahren 1805 und 1806 besetzte Napoleon die Stadt, und 1814/15 tagte[16] hier der berühmte Wiener Kongreß mit dem Ziel, die Ordnung in Europa wiederherzustellen. Die Industrialisierung Österreichs und Osteuropas hatte begonnen. Wien erlebte eine einmalige kulturelle, politische und wirtschaftliche Blütezeit[17]. Der Einfluß der Stadt erstreckte[18] sich über ganz Europa. Berühmte Namen wie Beethoven, Schubert und Johann Strauß in der Musik und Grillparzer, Raimund und Nestroy[f] in der Dichtung kommen einem sofort in den Sinn.

Das 20. Jahrhundert sollte für ganz Europa und damit auch für Österreich und seine Hauptstadt einschneidende Umstellungen[19] bringen. Im Jahr 1918, nach dem Ersten Weltkrieg, brach die Donaumonarchie zusammen, und aus der Metropole[20] eines außerordentlich bedeutenden und multinationalen[21] Reiches wurde die Hauptstadt eines Kleinstaates[22]. Jetzt machten die Einwohner Wiens zwei Drittel der Gesamtbevölkerung[23] Österreichs aus. 1938 kam der Anschluß[g], und bis 1945 war Österreich Teil des Großdeutschen Reiches[h]. Am Ende des Zweiten Weltkrieges eroberte die sowjetische Armee Wien, und die Stadt war bis 1955 ein Besatzungsgebiet[24] der vier Alliierten. Aber seit diesem Jahr, dem Jahr des Staatsvertrages[i] zwischen Österreich und der Sowjetunion, kann Wien wieder als Treffpunkt[25] für Europäer aus dem Osten und Westen dienen. Über Europa hinaus ist Wien als Tagungsort[26] für internationale Konferenzen und z.B. als Sitz der Internationalen Atom-Energie Behörde[27] wichtig.

Natürlich hat unser Besucher Wiens festgestellt, daß die Donau heutzutage nicht mehr so blau ist, wie es der Titel eines berühmten Wiener Walzers[28] von Johann Strauß verspricht. Wien ist auch

---

11. fort. 12. Goths, Vandals and Huns. 13. to change. 14. pushed aside. 15. features. 16. met. 17. flourishing time. 18. extended. 19. changes. 20. metropolis. 21. multinational. 22. small state. 23. total population. 24. occupied territory. 25. meeting point. 26. meeting place. 27. International Atomic Energy Agency. 28. waltz.

nicht mehr das politische Machtzentrum[29] Europas. Aber mit seinen Theatern, Konzertsälen und Museen ist und bleibt es ein kultureller Mittelpunkt mit einer unvergleichlichen Anziehungskraft[30]. So ist es sicher zu einem großen Teil der Stadt Wien zu verdanken[31], daß ganz Österreich eine "touristische Großmacht"[32] geworden ist: es hat eine der höchsten Tourismus-Deviseneinnahmen[33] in der Welt.

Dies alles mag unserem Besucher durch den Kopf gehen, während er im Kaffeehaus sitzt. Nachdem er auch die letzte Zeitung gelesen hat und auch das letzte Glas Wasser getrunken hat, beschließt er vielleicht, diesen Tag in Wien mit einem Abend in Grinzing[j] zu beenden. Hier kann man den berühmten Heurigen trinken. Das Wort „heurig" bedeutet diesjährig, d.h. der Heurige ist ein junger Wein in seinem ersten Jahr. Und bei einem Glas Heurigen und einem Backhendl[34] scheint für unseren Freund die Zeit stehenzubleiben, als auf der Zither ein altes Wiener Lied anklingt[35].

Bemerkungen

    a. **k. u. k. (kaiserlich und königlich):** Imperial (Austria) and Royal (Hungary) Monarchy on the Danube; from 1867 until its dissolution in the year 1918, this was the official name of the Habsburg monarchy.
    b. Specialty of Vienna, an omelet made of many eggs, sugar, raisins, heavy cream, flour, and brandy.
    c. Viennese waiters have a tendency to address everybody by an impressive title.
    d. Mixture of coffee and milk.
    e. The House of Habsburg goes back almost a thousand years; its first family castle was built in Switzerland, near Brugg, in 1020.
    f. Ludwig van Beethoven (1770-1827); Franz Schubert (1797-1828); Johann Strauß, der Walzerkönig (1825-1899); Franz Grillparzer (1791-1827); Ferdinand Raimund (1790-1836); Johann Nestroy (1801-1862).
    g. The word **Anschluß** (*annexation*) has become a specific term in the English language, referring to the union of Austria and Hitler-Germany in 1938.
    h. Used since 1938, "Großdeutsches Reich" became the official name of Germany during World War II. The formation of a "Greater Germany," one state for all Germans, including Austria, had been a political movement in both countries since the middle of the 19th century.
    i. This state treaty between Austria and France, Great Britain, the Soviet Union, and the United States restored the sovereignty of Austria; it forbids a political or economical union with Germany. After the signing of the treaty, the Allies withdrew their armed forces from Austria, and Austria declared its permanent military neutrality.
    j. A suburb northwest of Vienna, Grinzing is famous for its wine restaurants.

---

29. center of power. 30. power of attraction. 31. it is owed to. 32. great power. 33. revenues in foreign currencies from tourism. 34. fried chicken. 35. resounds.

Wien, die Stadt des Alten und des Neuen

Wichtige Redewendungen und Konstruktionen

vor Christus	before Christ
vor Christi Geburt	before the birth of Christ
es kommt einem in den Sinn	it comes to one's mind
es geht mir durch den Kopf	it crosses my mind

Fragen

1. Was lernt man kennen, wenn man heute Wien besucht?
2. Was verbindet man im allgemeinen mit Österreich?
3. Warum erscheint Wien als die österreichischste aller Städte?
4. Was sagt ein diensteifriger Ober in Wien?
5. Wann war die zweite Belagerung Wiens durch die Türken?
6. Warum ist dieses Jahr wichtig?
7. Wann kamen die Römer nach Wien?
8. Wann wurde Wien habsburgische Kaiserstadt?
9. Wer war Maria Theresia?
10. Wann tagte der Wiener Kongreß?
11. Welches Ziel hatte der Wiener Kongreß?
12. Welche Stadt ist der Sitz der Internationalen Atom-Energie Behörde?
13. Wie heißt der Titel eines berühmten Walzers von Johann Strauß?
14. Was ist der Heurige?
15. Wo kann man den Heurigen trinken?

GRAMMATIKALISCHE ERKLÄRUNGEN

1. Modal Auxiliaries

a. The present-tense forms of the modal auxiliaries are irregular:

dürfen	können	mögen	müssen	sollen	wollen
be allowed to	able to	like to	have to	ought to	want to[1]

	dürfen	können	mögen	müssen	sollen	wollen
ich	darf	kann	mag/möchte	muß	soll	will
du	darfst	kannst	magst/möchtest	mußt	sollst	willst
er sie es	darf	kann	mag/möchte	muß	soll	will
wir	dürfen	können	mögen/möchten	müssen	sollen	wollen
ihr	dürft	könnt	mögt/möchtet	müßt	sollt	wollt
sie	dürfen	können	mögen/möchten	müssen	sollen	wollen
Sie	dürfen	können	mögen/möchten	müssen	sollen	wollen

---

1. These are the principal meanings; other meanings are given in the Vocabularies.

The past tense forms follow the pattern of regular weak verbs:

ich	durfte	konnte	mochte	mußte	sollte	wollte

b. Infinitives depending on modal auxiliaries are used without **zu** (*to*). The infinitive is at the end of the clause:

Ich **kann** eine deutsche Zeitung **lesen.**
I can read a German newspaper.
Ich **muß** nach Hause **gehen.**
I have to go home.

c. Often an infinitive is understood without being expressed:

Ich **will** nach Hause [**gehen**]. *I want to go home.*

d. A derivative of **mögen** — meaning "would like" — is frequently used in the present tense to express polite wishes and inquiries:

Ich **möchte** eine Zeitung.
I would like to buy a newspaper.
Möchten Sie noch ein Bier?
Would you like another beer?

Note: The past participles of modal auxiliaries have the same form as the infinitive if there is another infinitive depending on the modal auxiliary (*double infinitive construction*):

Ich habe nach Hause **gehen wollen.**
I wanted to go home.

If there is no infinitive depending on the modal auxiliary, the regular form of the past participle is used:

Ich **habe** nach Hause **gewollt.**
I wanted to go home.

ANWENDUNG

Fügen Sie die richtige Form des Modalverbs in der angegebenen Zeit ein:

1. Ich _____ das Fußballspiel sehen. (wollen [present])
2. Er _____ eine Zeitung kaufen _____ . (sollen [pres. perf.])
3. Er _____ das nicht _____ . (können [pres. perf.])
4. Ich _____ kein Bier trinken. (mögen [present])
5. Wir _____ es nicht _____ . (dürfen [pres. perf.])
6. Wir _____ einen Aufsatz schreiben. (müssen [past])

Wien, die Stadt des Alten und des Neuen

2. Infinitive Constructions with zu

a. Infinitives depending on verbs other than modal auxiliaries are used with **zu**; they are at the end of the clause.

Er versprach zu kommen und nicht sofort **zurückzugehen.**
He promised to come and not to return at once.

Note, however, that infinitives depending on **fühlen** (*to feel*), **hören** (*to hear*), **lassen** (*to let*) and **sehen** (*to see*) are used without **zu**:

Ich sehe ihn kommen.
I see him coming.

b. Frequently used infinitive constructions with **zu** are **anstatt zu...** (*instead of...*), **ohne zu...** (*without...*) and **um zu...** (*in order to...*):

Anstatt zu fliegen, fuhr er mit seinem Auto.
Instead of flying, he drove with his car.
Er sah das Spiel, **ohne es zu verstehen.**
He saw the play without understanding it.
Er spart Geld, **um** in die Schweiz **zu fahren.**
He saves money in order to go to Switzerland.

ANWENDUNG

Verbinden Sie die beiden Sätze mit einer Infinitivkonstruktion:

1. Ich höre den Schiedsrichter. Der Schiedsrichter pfeift.
2. Ich sehe den Spieler. Der Spieler läuft über das Feld.
3. Sie fährt nach Ost-Berlin. (um ... zu ...) Sie besucht ein Museum.
4. (anstatt ... zu ...) Wir gehen in ein Kaffeehaus. Wir fahren nach Grinzing.
5. Viele Leute fahren in den Urlaub. (ohne ... zu ...) Sie erholen sich.

ÜBUNGEN

A. *Fügen Sie die richtige Form des Modalverbs in der angegebenen Zeit ein:*

1. In Wien _____ man viele interessante Dinge sehen. (können [present])
2. Ich _____ ins Theater gehen. (wollen [past])
3. Wir _____ es nicht _____. (wollen [pres. perf.])
4. Er _____ viel Geld für die Reise bezahlen. (müssen [past])
5. In Grinzing _____ wir Heurigen trinken. (wollen [present])
6. Sie _____ kein Bier trinken. (mögen [past])
7. Der Tourist _____ sich der Stimmung Wiens nicht entziehen. (können [past])
8. Wir _____ kein Deutsch sprechen _____. (können [pres. perf.])
9. Er _____ nicht in die DDR fahren. (dürfen [present])

10. In Wien _muss_ man ein Kaffeehaus besuchen. (müssen [present])
11. Der Kranke _durfte_ keinen Wein trinken. (dürfen [past])
12. _Mögen_ Sie nach Europa fahren? (mögen [present])
13. Er _sollte_ eine Zeitung kaufen. (sollen [past])
14. Man _soll_ nicht zuviel Bier trinken. (sollen [present])
15. Wir _durften_ es nicht _gedurft_. (dürfen [pres. perf.])

B. Bilden Sie Sätze mit den gegebenen Satzelementen:

1. (ein Tor schießen) Ein Spieler versucht, ...
2. (schreien und pfeifen) Man hört die Zuschauer ...
3. (sich unterhalten) Sie fangen an. _sich zu unterhalten_
4. (mit dem Kopf stoßen) Ich sehe den Spieler den Ball ...
5. (stehen) Er läßt den Torwart ... _zu stehen_
6. (wachsen [grow]) Ich fühle die Spannung der Zuschauer _wachsen_
7. (kennen) Ich glaube, seine Strategie ... _zu kennen_
8. (verstehen) Ich beginne, ihn ... _zu verstehen_
9. (verlieren) Unsere Mannschaft hat nichts ... _zu verlieren_
10. (gewinnen) Sie scheint ... _zu gewinnen_

C. Verbinden Sie die beiden Sätze mit einer Infinitivkonstruktion:

1. Die Zuschauer versammeln sich. (um ... zu ...) Sie sehen das Spiel.
2. (ohne ... zu ...) Er berührte den Ball mit den Füßen. Der Fußballspieler schoß ein Tor.
3. (anstatt ... zu ...) Ich ging zur Kirche. Ich fuhr zum Stadion.
4. Die Bundesrepublik und die DDR wünschen verbesserte Beziehungen. (um ... zu ...) Sie leben friedlich nebeneinander.
5. Vielleicht wollen die Deutschen die Wiedervereinigung. (ohne ... zu ...) Aber sie glauben an diese Möglichkeit.
6. Beide Staaten sind ihre Wege gegangen. (ohne ... zu ...) Sie verfolgen die gemeinsamen Interessen.
7. Ich fahre in den Urlaub. (um ... zu ...) Ich erhole mich.
8. (anstatt ... zu ...) Er machte eine Ferienreise mit dem Zug. Er fuhr mit dem Bus zu seinem Reiseziel.
9. Man kann keine langen Reisen in ferne Länder machen. (ohne zu ...) Man spart.
10. (um ... zu ...) Wir sahen die Hauptstadt eines sozialistischen Staates. Wir fuhren nach Ost-Berlin.
11. Man soll Ost-Berlin nicht besuchen. (ohne ... zu ...) Man geht ins Theater.
12. (anstatt ... zu ...) Man nennt nur die Unterschiede zwischen Ost und West. Man kann die gemeinsamen Merkmale feststellen.
13. Wir gingen in ein Kaffeehaus. (um ... zu ...) Wir tranken eine Melange.

Wien, die Stadt des Alten und des Neuen

    14. Die Türken belagerten (*besieged*) Wien. (ohne . . . zu . . .) Sie eroberten die Stadt.
    15. (anstatt . . . zu . . .) Ich fahre nach Grinzing. Ich gehe lieber ins Konzert.

D. *Übersetzen Sie ins Englische:*

1. Viele Fragen gingen mir durch den Kopf.
2. Die Anfänge Wiens liegen weit vor Christi Geburt.
3. Der Besucherin aus dem Ausland kam ein Lied aus dem letzten Jahrhundert in den Sinn.
4. Wir mußten nach Hause.
5. Wir wollten einen Kaffee trinken.
6. Sie konnten es nicht.
7. Er mochte kein Bier.
8. Wir durften das Museum besuchen.
9. Er sollte eine Zeitung kaufen.
10. Mußtet ihr wirklich soviel Geld bezahlen?

E. *Sagen Sie auf deutsch:*

1. In the first century before Christ, there was a Roman fort in Vienna.
2. The Danube does not seem to be as blue as one hundred years ago.
3. I hear someone playing a song.
4. Without knowing Vienna I found the museum.
5. She tries to understand the history of Vienna.
6. I don't like beer.
7. She wants to hear the concert.
8. The player starts to play a song.
9. She cannot go to Europe next year.

GESPRÄCHSTHEMEN

1. Was verbinden Sie mit Österreich?
2. Welche österreichischen Dichter und Musiker kennen Sie?
3. Warum besetzten die Alliierten Wien nach dem Zweiten Weltkrieg?
4. Warum ist Wien ein Treffpunkt zwischen dem Osten und Westen?
5. Warum ist Österreich eine touristische Großmacht?

KLEINE AUFSATZTHEMEN

1. Das moderne Wien.
2. Ein Besuch in Wien.
3. Die Geschichte Wiens.

VOKABULAR

das **Abendland** occident
der **Alliierte, -n** ally
   amüsant amusing, entertaining
der **Anfang, ̈e** beginning
der **Angriff, -e** attack
   anstatt instead; **anstatt zu** instead of
die **Architektur, -en** architecture
die **Armee, -n** army
der **Ausländer, -** foreigner
   ausländisch foreign
   barock baroque
   bauen to build
   bedeuten to mean
   beenden to end
die **Bekanntschaft, -en** acquaintance
   belagern to besiege
   beschließen, beschloß, beschlossen to decide
   besetzen to occupy
   bieten, bot, geboten to offer
   blau blue
   bleiben, blieb, ist geblieben to stay, remain
   bringen, brachte, gebracht to bring
   christlich Christian
   damit therefore
das **Datum, Daten** date
der **Dichter, -** poet
die **Dichtung, -en** literature
   dienen to serve
   diesjährig of the year
die **Donau** Danube
   dürfen, darf, durfte, gedurft may, to be allowed to
der **Eindruck, ̈e** impression
der **Einfluß, ̈sse** influence
   einmalig unique
die **Einrichtung, -en** institution
   elegant elegant
   erbauen to build
das **Ereignis, -se** event
   erfolglos futile
   erfolgreich successful
die **Erinnerung, -en** memory
   erleben to experience
   erobern to conquer
   erscheinen, erschien, ist erschienen to appear
der **Europäer, -** European (*noun*)
   folgen, ist gefolgt to follow
der **Freund, -e** friend
   fühlen to feel
   ganz all
die **Geburt, -en** birth
die **Gegend, -en** area
   genau exact
das **Gesicht, -er** face
   gotisch gothic
die **Größe, -n** greatness, size
   hinaus beyond
   hinterlassen, hinterläßt, hinterließ, hinterlassen to leave behind
   historisch historical
   hören to hear
die **Industrialisierung, -en** industrialization
die **Innenstadt, ̈e** inner city
das **Jahrhundert, -e** century
   jetzt now
   jung young
der **Kaiser, -** emperor
die **Konferenz, -en** conference
   können, kann, konnte, gekonnt can, be able to
der **Konzertsaal, -säle** concert hall
   letzt- last
das **Lied, -er** song
das **Merkmal, -e** characteristic
die **Mischung, -en** mixture
   mit-erleben to experience
   mittelalterlich medieval
der **Mittelpunkt, -e** center
   modern modern
   mögen, mag/möchte, mochte, gemocht to like, want to
die **Monarchie, -n** monarchy
die **Musik** music
der **Musiker, -** musician
   müssen, muß, mußte, gemußt to have to
   nachdem after
   nachfolgend resulting
der **Name, -n** name
   neu new
der **Ober, -** waiter
   ohne without; **ohne zu** without
die **Ordnung** order
der **Palast, ̈e** palace
das **Reich, -e** empire
der **Reiseführer, -** travel guide
der **Römer, -** Roman
das **Schloß, ̈sser** castle; lock
der **Sitz, -e** seat
   sollen, soll, sollte, gesollt to be supposed to, shall
   sowjetisch Soviet
   spät late
die **Spur, -en** trace

die **Stimmung, -en** mood
tatsächlich actually
der **Teil, -e** part
der **Titel, -** title
der **Türke, -n** Turk
überall everywhere
um zu in order to
umfassen to include
unsterblich immortal
unvergleichlich incomparable
die **Verbindung, -en** combination; connection
vergangen past
versprechen, verspricht, versprach, versprochen to promise
versuchen to try
wachsen, wächst, wuchs, ist gewachsen to grow

der **Walzer, -** waltz
das **Wasser, -** water
der **Weltkrieg, -e** world war
wiederherstellen, stellt wieder her, wiederhergestellt to reconstruct
der **Winter, -** winter
wollen, will, wollte, gewollt to want to
das **Wort, ⁻er** word
das **Ziel, -e** goal
zurück-gehen auf, ging, ist zurückgegangen to date back; to go back
zurück-lassen, läßt, ließ, zurückgelassen to leave behind
zusammen-brechen, bricht, brach, ist zusammengebrochen to collapse

7 Die Arbeitslosigkeit in der Bundesrepublik und einige ihrer Ursachen

Die Bundesrepublik, die bestimmt zu den reichsten und wirtschaftlich stärksten Ländern der Welt gehört, steht ähnlichen Problemen wie alle anderen westlichen Länder gegenüber[1]. Woran man denkt, sind Dinge wie Umweltverschmutzung[2], Inflation und Minderheiten*. Das Problem jedoch, das wahrscheinlich einen größeren Einfluß auf die gesamte wirtschaftliche und politische Lage eines jeden Landes ausübt, ist der Mangel an Arbeitsplätzen.

In der Bundesrepublik ist der Prozentsatz der Arbeitslosen innerhalb weniger Jahre von 0,7% (1970) bis auf 9,1% (Anfang 1983) gestiegen; d.h. es gibt ca. 2 Millionen Menschen, die keine Arbeit finden. Das eigentliche Problem scheint jedoch noch bevorzustehen. Denn in den nächsten Jahren ist damit zu rechnen, daß die geburtenstarken[3] Jahrgänge einen weiteren Druck auf den Arbeitsmarkt ausüben werden. Nach allen demographischen Voraussagen wird nämlich die Gesamtbevölkerung der Bundesrepublik schrumpfen[4], während die Anzahl der Arbeitsfähigen bis in die späten achtziger Jahre ansteigen wird.

Dabei läßt sich natürlich das Problem der Arbeitslosigkeit nicht für alle Wirtschaftszweige[5] verallgemeinern. In einzelnen Branchen wie z.B. in der Automobilindustrie, dem Baugewerbe[6] und dem Gaststättengewerbe[7] ist die Nachfrage immer noch größer als das Angebot an Arbeitskräften. Typischer für das Gesamtbild sind aber sicherlich die Stahlindustrie oder das Tankstellengewerbe[8]. So hat man seit 1970 in der Bundesrepublik mehr als 15 000 Tankstellen geschlossen, wodurch 50 000 Arbeitsplätze verlorengegangen sind. Es wird heute wegen der Benzinpreise, die seit der Ölkrise im Jahr 1973 enorm gestiegen sind, wohl kaum noch Autofahrer geben, die nicht bereit sind, das Benzin eigenhändig[9] in den Tank zu füllen, wenn sie dadurch etwas Geld sparen können.

---

1. **steht...gegenüber** confronts.   2. pollution.   3. with a high birth rate.   4. decline.   5. branches of the economy.   6. construction industry.   7. restaurant business.   8. gas-station business.   9. with their own hands.

Arbeitsamt Bonn: „Aufgabe . . ., Stellungen für Arbeitslose zu vermitteln . . ."

Aber obwohl es in der Bundesrepublik Anfang 1983 auch ca. 55 000 offene Stellen gab, ist der Gedanke, daß die Arbeitslosen „Drückeberger"[10] sind, ein Vorurteil, das weder die Arbeitsämter[b] noch die Arbeitgeber bestätigt sehen. Denn auch wenn viele Arbeitnehmer nicht allen Anforderungen entsprechen, wird man nicht davon ausgehen können, daß sie nicht arbeiten wollen.

Die Arbeitsämter in der Bundesrepublik, deren Aufgabe es ist, Stellungen für Arbeitslose zu vermitteln[11], geben aus der täglichen Praxis verschiedene Ursachen für eine erfolglose Vermittlung von Arbeitsplätzen an. Die Gründe, die mit den Arbeitslosen selbst zusammenhängen, sind die folgenden:

a. Eine große Anzahl von Arbeitslosen ist für die unbesetzten und angebotenen Stellen nicht qualifiziert; so haben über fünfzig Prozent aller Arbeitslosen keine abgeschlossene Berufsausbildung. Bei Arbeitslosen, die seit über einem Jahr nach einer Arbeitsstelle suchen, liegt der Prozentsatz der Unqualifizierten[12] noch höher.
b. Je älter die Arbeitslosen sind, um so geringer sind ihre Chancen, Arbeitsplätze zu finden; beinah zwanzig Prozent aller Arbeitslosen sind über vierzig Jahre alt.
c. Ungefähr fünfundzwanzig Prozent derer, die einen Arbeitsplatz suchen, sind in irgendeiner Weise gesundheitlich behindert.
d. Diejenigen, die nur nach einer Teilzeitbeschäftigung[13] suchen – hier handelt es sich hauptsächlich um Frauen, die neben der Führung des Familienhaushalts arbeiten wollen oder müssen – stellen fest, daß das Angebot bei weitem nicht die Nachfrage deckt.
e. Manche Arbeitslose haben bereits einmal oder mehrere Male einen Arbeitsplatz wegen mangelnder Zuverlässigkeit[14] verloren.
f. Ausländer, deren Qualifikationen häufig aufgrund fehlender Sprachkenntnisse ungenügend sind, finden es immer schwieriger, sich auf dem geschrumpften[15] Arbeitsmarkt zu bewerben.

Selbstverständlich sind die genannten Punkte nicht die einzigen Ursachen für die Arbeitslosigkeit, sondern nur einige Gründe, warum in vielen Fällen eine Arbeitsvermittlung erfolglos bleibt. Daneben gibt es sicherlich Ursachen, die in der allgemeinen weltwirtschaftlichen Entwicklung begründet sind.

Wer aber meint, daß die Arbeitslosigkeit nur ein Konjunkturproblem[16] ist, das sich mit der Zeit von selbst oder durch eine Vermehrung der Arbeitsplätze lösen wird, glaubt wahrscheinlich an eine sehr fragliche, wenn nicht falsche Theorie. Realistischer wird vielleicht die Meinung sein, daß ein bestimmter Prozentsatz von Arbeitslosen für

---

10. shirkers. 11. arrange. 12. unqualified. 13. part-time job. 14. dependability. 15. shrunken. 16. problem of economic cycles.

Die Arbeitslosigkeit und einige ihrer Ursachen

die Wirtschaft eines Landes „normal" ist; d.h. solange die Arbeitslosenquote[17] diesen bestimmten Prozentsatz nicht übersteigt, wird man von Vollbeschäftigung[18] sprechen können.

Wenn diese Annahme stimmt, muß es dann nicht falsch und sogar gefährlich sein, in jeder konjunkturellen Krise[19] zu versuchen, die Zahl der Arbeitslosen durch Schaffung[20] neuer Arbeitsplätze zu vermindern? Ist die einzige Möglichkeit, einen Arbeitsplatz für jeden Arbeitswilligen[21] und Arbeitsfähigen bereitzustellen, dann nicht, die vorhandenen Arbeitsplätze auf alle gerecht zu verteilen? Denn wenn es insgesamt nicht mehr Arbeitsplätze für alle gibt, dann muß jeder weniger arbeiten – der Einzelne wird also in Zukunft mehr Freizeit haben.

Zwar können alle diese Theorien das Problem der *Arbeitslosigkeit* in einem anderen Licht erscheinen lassen[22] – das Problem der *Arbeitslosen* aber ist damit noch nicht gelöst. Denn alles, was die meisten von ihnen wollen, ist eine Stelle, um Geld zu verdienen. Von einer Lösung dieses Problems aber wird man nicht sprechen können, bevor nicht jeder, der arbeiten will und kann, einen Arbeitsplatz gefunden haben wird.

Bemerkungen

a. In 1980 there were 2.04 million workers from foreign countries in West Germany (8% of all employed persons). They came mainly from Turkey (569 000), Yugoslavia (359 000), Italy (308 000) and, among other countries, from Greece (136 000) and Spain (88 000).

b. There are employment agencies on local and state levels and on the Federal level. In addition to the job service, these agencies are responsible for the payment of unemployment compensation, the retraining of unemployed persons, and the rehabilitation of disabled workers.

Wichtige Redewendungen und Konstruktionen

es ist damit zu rechnen	*it can be anticipated*
man kann davon ausgehen	*it can be assumed*
das Angebot deckt die Nachfrage	*the supply meets the demand*
die genannten Punkte	*the above-mentioned points*

Fragen

1. Welchen Problemen steht die Bundesrepublik gegenüber?

---

17. unemployment rate. 18. full employment. 19. economic crisis. 20. creation. 21. person willing to work. 22. let appear in a different light.

2. Haben andere westliche Länder ähnliche Probleme?
3. Welches ist das Problem, das am wichtigsten ist?
4. Wieviele Menschen, die keine Arbeit fanden, gab es Anfang 1983 in der Bundesrepublik?
5. Was sagen demographische Voraussagen über die Gesamtbevölkerung der Bundesrepublik?
6. Was wissen Sie über den Arbeitsmarkt in der Automobilindustrie?
7. Warum sind im Tankstellengewerbe seit 1970 ungefähr 50 000 Arbeitsplätze verlorengegangen?
8. Wieviel offene Stellen gab es Anfang 1983 in der Bundesrepublik?
9. Welche Aufgabe haben die Arbeitsämter?
10. Wieviel Prozent der Arbeitslosen haben keine abgeschlossene Berufsausbildung?
11. Warum finden Arbeitslose, die nach einer Teilzeitbeschäftigung suchen, keinen Arbeitsplatz?
12. Warum haben es Ausländer häufig schwer, eine Arbeit zu finden?
13. Meinen Sie, daß die Arbeitslosigkeit ein Konjunkturproblem ist, das sich mit der Zeit von selbst löst?
14. Wann kann man von Vollbeschäftigung in einem Staat sprechen?
15. Worin kann vielleicht eine Lösung des Problems der Arbeitslosigkeit bestehen?
16. Warum werden wir vielleicht in Zukunft mehr Freizeit haben?
17. Warum wollen die Arbeitslosen eine Arbeit?
18. Wann wird man von einer Lösung des Problems der Arbeitslosen sprechen können?

GRAMMATIKALISCHE ERKLÄRUNGEN

1. **Relative Pronouns and Relative Clauses**

    a. Forms:

    1. The forms of the relative pronouns **der, die, das** are:

	MASC.	FEM.	NEUTER	PLURAL.
NOM.	der	die	das	die
ACC.	den	die	das	die
DAT.	dem	der	dem	denen
GEN.	dessen	deren	dessen	deren

    Note that these forms are the same as those of the definite article, except for the dative plural and all genitive forms.

    2. The forms of the indefinitive relative pronouns **wer, was** are:

NOM.	wer	was
ACC.	wen	was
DAT.	wem	-
GEN.	wessen	wessen

b. Uses:

The relative pronoun is always placed at the beginning of the relative clause. Since relative clauses are subordinated clauses, dependent word order has to be used.

1. The gender and the number of the relative pronouns **der, die, das** are determined by the word they refer to (the antecedent); their case is determined by their function in the relative clause:[1]

   Hier ist der Arbeitslose. Du hast den Arbeitslosen gesucht.
   Hier ist **der Arbeitslose, den** du gesucht hast.

2. The indefinite relative pronouns **wer** (for persons) and **was** (for things) are used when there is no antecedent:

   Wer dies meint, glaubt an eine falsche Theorie.
   Ich glaube dir, **was** immer du sagst.

   Furthermore, **was** is used to refer to an adjective used as a neuter noun, an indefinitive numerical adjective, and a complete clause:

   Das **Wichtigste, was** der Politiker gesagt hat, steht in der Zeitung.
   Alles, was er will, ist eine Arbeit.
   Man darf dieses Problem nicht verallgemeinern, was aber viele tun.

ANWENDUNG

Verbinden Sie die beiden Sätze mit einem Relativpronomen:

1. Ich kenne den Spieler. Der Spieler ist inzwischen berühmt geworden.
2. Die Arbeit muß interessant sein. Ich suche schon lange die Arbeit.
3. Der Politiker spricht über das Problem. Ich habe mich auch mit dem Problem beschäftigt (*occupied*).
4. Die Frau sucht eine Teilzeitbeschäftigung. Das Kind der Frau ist krank.
5. Ich erinnere mich (*remember*) nicht mehr an alles. Ich habe alles gelesen.

Fügen Sie die richtige Form des Relativpronomens ein:

1. Ich weiß nicht, _____ ich die Zeitung gegeben habe.
2. Es ist unwichtig, _____ Auto wir nehmen.

---

[1]. **Welcher, welche, welches** may also be used as relative pronouns.

3. An das Schönste, _____ ich im Urlaub erlebt habe, werde ich mich immer erinnern.
4. Vieles, _____ ich darüber gelesen habe, habe ich vergessen (*forget*).
5. In der Automobilindustrie gibt es mehr offene Stellen als Arbeitslose, _____ aber nicht typisch für das Gesamtbild ist.

2. Da- and Wo-Compounds

a. The **da-** and **wo-**compounds *are formed* with the prefixes **da(r)-** or **wo(r)-** and a preposition:

da + mit:	damit	wo + bei:	wobei
dar + in:	darin	wor + auf:	worauf

b. If the preposition refers to an object or idea, the **da-**compound replaces a preposition + pronoun construction:

Ich denke **an das Problem.** (Ich denke **an es.**)
Ich denke **daran.**

Correspondingly, the **wo-**compound may replace a preposition + **was** construction in questions:

Auf was freust du dich?
Worauf freust du dich?

Sometimes a **da-** or **wo-**compound may refer to the whole idea expressed in another clause:

Ich kann micht nicht **daran** erinnern, **daß ich das gesagt habe.**
Woran man sofort denkt, **sind Probleme wie Umweltverschmutzung und Inflation.**

ANWENDUNG

Benutzen Sie ein **da-** *oder* **wo-***compound:*

1. Für eine erfolglose Vermittlung geben die Arbeitsämter folgende Gründe.
2. Sie sucht nach einer Teilzeitbeschäftigung.
3. Neben dieser Ursache gibt es noch andere Gründe.
4. An was glaubst du?
5. Mit dieser Theorie kann man das Problem der Arbeitslosen nicht lösen.
6. Von was sprichst du?

3. Future and Future Perfect Tenses

a. Future Tense:

1. The future tense is formed with the present-tense forms of the auxiliary **werden** and the infinitive of the main verb. The infinitive is at the end of a main clause:

Die Arbeitslosigkeit und einige ihrer Ursachen

Die Zahl der Arbeitsfähigen **wird** bis in die achtziger Jahre **ansteigen**.

2. Frequently, the future tense is used to express a probability in present time, especially with adverbs like **bestimmt, hoffentlich, sicher, vielleicht, wahrscheinlich** and **wohl**.

Es **wird** heute **wohl** kaum noch Autofahrer **geben**, die nicht Geld sparen wollen.

3. The future tense is used less frequently for future events. In conversation and informal writing, especially with an adverb of time indicating the future, the present tense is used instead to express futurity:

Morgen fahren wir nach Berlin.
or: **Morgen werden wir** nach Berlin **fahren**.

b. Future Perfect Tense:

1. The future perfect tense is formed with the present tense forms of the auxiliary **werden** and the past participle of the main verb + the infinitive of the auxiliaries **haben** or **sein**:

Ich **werde** die Zeitung **gelesen haben**.
Wir **werden** nach Berlin **gefahren sein**.

2. The future perfect tense is used for future events that are completed before another future event:

Von einer Lösung des Problems **wird man nicht sprechen können**, bevor nicht jeder einen Arbeitsplatz **gefunden haben wird**.

3. The future perfect tense is used to express probability in the past, especially with the adverbs mentioned above:

Er **wird** es **wohl vergessen haben**.
Sie **wird** inzwischen **sicher** nach Hause **gegangen sein**.

ANWENDUNG

Bilden Sie das Erste Futur (future tense):

1. Der Kellner hat den Kaffee sicher gebracht.
2. Nach dem Urlaub hatte ich bestimmt kein Geld mehr.
3. Hoffentlich gab es nicht zuviele Probleme mit dem Auto.
4. Unsere Mannschaft gewinnt wahrscheinlich.
5. Vielleicht besuchen wir auch Ost-Berlin.
6. Daran hast du dich wohl nicht mehr erinnert.
7. Das Problem hat einen großen Einfluß auf die wirtschaftliche und politische Lage eines jeden Landes.

Bilden Sie das Zweite Futur (future perfect tense):

1. Bis morgen (*tomorrow*) werde ich das Geld zahlen.
2. Bis zum Urlaub kauft sie sich ein Auto.

3. In einer halben Stunde haben wir gefrühstückt.
4. Bis zum Ende des Spieles trinke ich viele Biere.
5. Er erinnert sich wahrscheinlich nicht mehr an mich.
6. Inzwischen kamen sie in Hamburg an.

ÜBUNGEN

A. *Fügen Sie die richtige Form des Relativpronomens ein:*

1. Die Autofahrer, _____ Geld sparen wollen, füllen das Benzin selbst in den Tank.
2. Den Arbeitsplatz, _____ ich schon lange suche, habe ich noch nicht gefunden.
3. Die Ölkrise, seit _____ die Benzinpreise gestiegen sind, war 1973.
4. Die Politiker bemühen sich um ein Problem, _____ Lösung schwierig ist.
5. Ich kenne den Arbeitslosen nicht, _____ man die Stellung angeboten hat.
6. Die Gastarbeiter, _____ Sprachkenntnisse ungenügend sind, haben es sehr schwierig.
7. Ich kann mich an die Frau erinnern, _____ eine Teilzeitbeschäftigung gesucht hat.
8. Die Krise, über _____ du sprichst, existiert nicht.
9. Der Arbeitslose, _____ keine abgeschlossene Berufsausbildung hat, sucht schon seit über einem Jahr eine Stelle.
10. Ein Angebot, _____ zu gering ist, kann die Nachfrage nicht decken.
11. Auch ich glaube, daß die Krise, _____ Ursache du verallgemeinerst, gefährlich ist.
12. Die Autofahrer, _____ ich kenne, versuchen Geld zu sparen.
13. Sie nahm das Angebot an, _____ man ihr gemacht hatte.
14. Die Probleme, _____ die westlichen Länder gegenüberstehen, sind ähnlich.
15. Man hat dem Arbeitnehmer, _____ Arbeitsplatz verlorengegangen ist, eine neue Arbeit angeboten.
16. Das Gesamtbild, von _____ der Politiker sprach, war wenig erfreulich.

B. *Fügen Sie die richtige Form des Relativpronomens* **wer** *oder* **was** *ein:*

1. _____ dem Politiker fehlt, ist eine begründete Theorie.
2. Der Arbeitgeber hat noch nicht gesagt, _____ er die Stellung anbieten will.
3. Das Gefährlichste, _____ man tun (*do*) kann, ist, an Vorurteile zu glauben.

Die Arbeitslosigkeit und einige ihrer Ursachen

4. Vieles, _____ über die Krise gesagt wird, ist falsch.
5. Ich hatte gedacht, daß ich den Arbeitsplatz bekommen hatte, _____ aber nicht stimmte.

C. *Benutzen Sie ein* **da-** *oder* **wo-***compound:*

1. Ich kann mich nicht mehr an die Theorie erinnern.
   Ich kann mich nicht mehr _____ erinnern.
2. Der Arbeitslose will sich um die Stellung bewerben.
   Der Arbeitslose will sich _____ bewerben.
3. Wir denken immer an die Krise.
   _____ denken wir immer?
4. Von einem solchen Vorurteil kannst du nicht ausgehen.
   _____ kannst du nicht ausgehen.
5. Er war nicht qualifiziert für diesen Arbeitsplatz.
   _____ war er nicht qualifiziert?
6. Es gibt verschiedene Ursachen für die Ölkrise.
   _____ gibt es verschiedene Ursachen.
7. Man muß damit rechnen, daß die Zahl der Arbeitsfähigen ansteigen wird.
   _____ muß man rechnen?
8. Man kann nicht von einer Lösung des Problems sprechen.
   Man kann nicht _____ sprechen, daß das Problem gelöst ist.
9. Ich denke an das Problem der Arbeitslosen.
   _____ ich denke, ist das Problem der Arbeitslosen.
10. Neben dieser Ursache gibt es noch andere Ursachen.
    _____ gibt es noch andere Ursachen.

D. *Bilden Sie Sätze im Ersten Futur mit den angegebenen Satzelementen. Fügen Sie andere notwendige Elemente hinzu:*

1. denken an / man / Umweltverschmutzung / Inflation
2. ausüben / Problem / Arbeitslosigkeit / sicherlich / größer / Einfluß
3. steigen / Zahl / Arbeitslose / hoffentlich / nicht
4. sein / Angebot / größer / als / Nachfrage
5. sein / Stahlindustrie / typischer / für / Gesamtbild
6. verlorengehen / Arbeitsplatz [pl.] / in / Zukunft
7. bestätigen / ich / Vorurteil / nicht
8. vermitteln / Arbeitsamt [pl.] / Stellung [pl.] / für / Arbeitslose
9. sein / er / qualifiziert / nicht
10. sein / Prozentsatz / höher
11. finden / Gastarbeiter / kein / Arbeitsplatz
12. decken / Angebot / Nachfrage
13. verlieren / sie [sing.] / wegen / mangelnd / Zuverlässigkeit / Stellung
14. sich lösen / Problem / von / selbst / nicht
15. haben / einzeln / Arbeiter [pl.] / mehr / Freizeit

E. *Bilden Sie das Zweite Futur mit den Satzelementen in Übung D.*

F. *Übersetzen Sie ins Englische:*
1. Wovon sprichst du?
2. Der Autofahrer, mit dem ich nach Kiel fahren werde, ist ein Gastarbeiter.
3. Er glaubt nicht daran.
4. Bis zu unserem Urlaub werden die Benzinpreise sicherlich angestiegen sein.
5. Woran denkst du?

G. *Sagen sie auf deutsch:*
1. It can be anticipated that the problem will not be solved.
2. I do not remember the above-mentioned points.
3. Hopefully, the supply will meet the demand.
4. It cannot be assumed that all unemployed persons will have found jobs by 1984.
5. The guest worker to whom I talked has been unemployed for more than a year.

GESPRÄCHSTHEMEN

1. Gibt es in den USA viel Arbeitslosigkeit? Warum?
2. Was tut man in den USA gegen die Arbeitslosigkeit?
3. Auf welchen Gebieten und in welchen Gegenden ist die Arbeitslosigkeit in den USA besonders groß?
4. Wie ist die Arbeitslosenunterstützung in den USA?

KLEINE AUFSATZTHEMEN

1. Was sind einige Antworten auf das Problem der Arbeitslosigkeit?
2. Glauben Sie, daß die meisten Menschen arbeiten wollen, oder gibt es viele Drückeberger? Erklären Sie Ihre Antwort!

VOKABULAR

ab·schließen, schloß, abgeschlossen to finish
ähnlich similar
an·bieten, bot an, angeboten to offer
die **Anforderung, -en** demand
das **Angebot, -e** supply
die **Annahme, -n** assumption
an·steigen, stieg, ist angestiegen to climb
der **Arbeitgeber, -** employer
der **Arbeitnehmer, -** employee
das **Arbeitsamt, ⁼er** (public) employment agency
die **Arbeitskraft, ⁼e** worker
der **Arbeitslose, -n** unemployed person
die **Arbeitslosenunterstützung** unemployment compensation
die **Arbeitslosigkeit** unemployment
der **Arbeitsmarkt, ⁼e** labor market
der **Arbeitsplatz, ⁼e** place of work

Die Arbeitslosigkeit und einige ihrer Ursachen

die **Arbeitsstelle, -n** job; work
die **Arbeitsvermittlung** work procurement
die **Aufgabe, -n** assignment
aufgrund because of
aus·üben to exert
der **Autofahrer, -** driver of a car
begründet caused; justified
behindern to hinder, handicap
der **Benzinpreis, -e** price of gasoline
bereit ready
bereit·stellen to make available
die **Berufsausbildung, -en** (professional) education
bestätigen to confirm
(sich) beschäftigen to occupy (oneself)
bestimmt certain
bevor·stehen, stand, bevorgestanden to lie ahead
sich bewerben um, bewarb, beworben to apply for
die **Chance, -n** chance
decken to cover
demographisch demographic
der **Druck** pressure
entsprechen, entspricht, entsprach, entsprochen to meet; to correspond
die **Entwicklung, -en** development
(sich) erinnern (an) to remember
existieren to exist
falsch false
der **Familienhaushalt, -e** family household
fehlen to miss; lack
fraglich questionable
die **Frau, -en** woman; Mrs.
die **Führung** management
füllen to fill
der **Gastarbeiter, -** guest worker
der **Gedanke, -n** thought
gefährlich dangerous
gegenüber·stehen, stand gegenüber, gegenübergestanden to be confronted with
gerecht fair, just
die **Gesamtbevölkerung** total population
das **Gesamtbild** total picture
gesundheitlich because of health
gleichgestellt on the same level; equal
handeln to deal
hinsichtlich with regard
insgesamt altogether
irgendein some; any
der **Jahrgang, ⸚e** age-group
die **Krise, -n** crisis
die **Lage, -n** situation; position
das **Licht, -er** light
lösen to solve

die **Lösung, -en** solution
der **Mangel, ⸚** lack
mangelnd lacking
meinen to think
die **Meinung, -en** opinion
die **Minderheit, -en** minority
morgen tomorrow
die **Nachfrage, -n** demand
offen open
die **Ölkrise, -n** oil (energy) crisis
die **Praxis** practice
der **Prozentsatz, ⸚e** percentage
die **Qualifikation, -en** qualification
qualifiziert qualified
realistisch realistic
rechnen to count, calculate; to anticipate
schließen, schloß, geschlossen to close
schwierig difficult
selbstverständlich naturally
solange as long
die **Sprachkenntnisse** (*pl.*) knowledge of language
stark strong
steigen, stieg, ist gestiegen to climb
die **Stellung, -en** position; place
stimmen to be true; to be correct
täglich daily
der **Tank, -s** tank
die **Tankstelle, -n** gasoline station
die **Theorie, -n** theory
tun, tat, getan to do
übersteigen, überstieg, überstiegen to exceed
die **Umweltverschmutzung** pollution
unbesetzt open, free, unoccupied
ungenügend insufficient
die **Ursache, -n** cause
verallgemeinern to generalize
verdienen to earn
vergessen, vergißt, vergaß, vergessen to forget
verloren-gehen, ging, ist verlorengegangen to get lost
die **Vermehrung, -en** increase
vermindern to diminish
vermitteln to arrange; to negotiate
die **Vermittlung, -en** negotiation
verteilen to distribute
die **Voraussage, -n** prediction
vorhanden available
das **Vorurteil, -e** prejudice
wahrscheinlich probably
die **Weise, -n** manner; form
weltwirtschaftlich economically world-wide
die **Wirtschaft, -en** economy
die **Zahl, -en** number
zwar though

8 Die Westmark in Konkurrenz mit der Ostmark

In der Presse ist häufig von der starken Mark der Bundesrepublik und dem noch stärkeren Schweizer Franken die Rede. Besonders bei Vergleichen mit dem amerikanischen Dollar wird immer wieder auf diese zwei europäischen Währungen als Musterbeispiele[1] solider Währungen hingewiesen. Der Dollar war einmal das Rückgrat[2] der 5
westlichen Wirtschaft, jetzt muß er diese Rolle mit anderen Währungen teilen.

Daß die Stärke oder die Schwäche einer Währung auf die wirtschaftlichen Gegebenheiten[3] eines Landes zurückzuführen ist, wie Inflationsrate, Energieplanung, das Verhältnis von Export und 10
Import usw. (und so weiter) weiß sicherlich jeder. Was wohl weniger bekannt ist, ist die interessante Tatsache, daß die Währung der Bundesrepublik in der Deutschen Demokratischen Republik so sehr an Einfluß gewonnen hat, daß von Bürgern der DDR die Westmark für private Dienstleistungen[4] lieber genommen wird als die Ostmark. 15
Man kann tatsächlich sagen, daß die Westmark sich in den letzten Jahren zu der heimlichen Währung der DDR entwickelt hat, während die Ostmark bei vielen DDR-Bürgern nicht als „richtiges" Geld gilt und der „Kosaken-Rubel"[a] genannt wird.

Obwohl die DDR zu den höchstindustrialisierten[5] Ländern der Welt 20
gehört[b], liest man immer wieder Berichte über die beinah chronischen Versorgungsprobleme[6] in der Konsumindustrie[7]. Natürlich sind es nicht Nahrungsmittel[8], woran es fehlt, obwohl die Versorgung mit Fleisch, Obst und Gemüse nicht immer befriedigend ist. Es sind die mehr oder weniger notwendigen Kleinigkeiten des Lebens, wie z.B. ein 25
solider Hammer oder kosmetische Artikel, die wir im Westen einfach voraussetzen, die im Osten nicht immer leicht erhältlich sind. Konsumgüter[9] sind in der DDR häufig teuer, qualitativ manchmal nicht

---

1. model. 2. backbone. 3. conditions. 4. services. 5. most industrialized. 6. supply problems. 7. consumer-goods industry. 8. food. 9. consumer goods.

Westmark

Ostmark

sehr gut und im allgemeinen mit langen Wartezeiten[10] verbunden.

Eine Quelle in der DDR für Produkte, wie wir sie im Westen gewohnt sind, sind die sogenannten „Intershops". Ursprünglich wurden diese Geschäfte für Touristen aus dem Westen als „duty-free shops" eingerichtet. D.h. DDR-Bürger waren dort nicht erwünscht oder genauer gesagt nicht erlaubt. Da jedoch die Kontrollen im Laufe der sechziger Jahre erleichtert wurden, kauften mehr und mehr Bürger der DDR dort ein. Das Problem war allerdings immer die Währung, denn in den Intershops kann bis zum heutigen Tage nur mit Westgeld bezahlt werden, und Westgeld mußte nach den damals geltenden Gesetzen von DDR-Bürgern im Verhältnis eins zu eins in DDR-Währung eingetauscht werden. Schließlich gab die Regierung der DDR im Sommer 1974 dem Druck der Bevölkerung nach und änderte die Devisengesetze[11]. Seit diesem Zeitpunkt dürfen sich Bürger der DDR pro Jahr 500 DM ohne irgendwelche Formalitäten schenken lassen; und diese 500 DM dürfen von ihnen in den Intershops ausgegeben werden. So ist die Westmark in der DDR inoffiziell beinah zur ersten Währung des Landes geworden und das bei einem Schwarzmarktkurs[12] von einer Westmark für vier Ostmark. Mit der Westmark kann der Bürger in der DDR genau dieselben Dinge kaufen, die wir bei uns in jedem Geschäft zu finden erwarten, wie z.B. eine Flasche West-Whiskey oder West-Ketchup. Die Westmark macht das Leben leichter und somit angenehmer: Handwerker, wenn sie mit Westgeld bezahlt werden, kommen sofort, statt den Kunden tagelang warten zu lassen; ein Tisch in einem Restaurant ist plötzlich nicht mehr „reserviert", wenn der Gast seine westliche Währung spielen läßt[13], und schließlich, wenn man seinen „Trabant", den VW der DDR, reparieren lassen muß, geht auch das sehr viel schneller und besser mit der Westmark.

Eine andere Möglichkeit für die Bürger der DDR, ihre eigene Wirtschaft zu umgehen, wird von der Firma GENEX geboten. GENEX hat Geschäftspartner[14] im Westen – in Zürich und Kopenhagen – und von dort kann sich ein Bürger aus der Bundesrepublik einen Katalog kommen lassen und bestellen, was er seinen Freunden oder Verwandten in der DDR auf deren Wunsch zukommen lassen will. Natürlich wird wiederum nur mit der soliden Westmark bezahlt.

So gelingt es der Regierung in der Haupstadt der DDR, Berlin, den Hunger nach Konsumgütern wenn nicht ganz zu stillen, so doch bedeutend zu mildern, und gleichzeitig wird das sozialistische System nicht allzusehr ins Wanken gebracht. Enteignung[15], Verstaatlichung[16] und Bürokratisierung[17] werden nicht ernsthaft in Frage gestellt.

---

10. waiting periods. 11. foreign-currency laws. 12. blackmarket rate. 13. (*literally, lets play*) makes use of. 14. business partners. 15. expropriation. 16. nationalization. 17. bureaucracy.

Die Westmark in Konkurrenz mit der Ostmark

Bemerkungen

a. Literally, Cossack ruble; this expression alludes to the political and ideological domination of the East-German economy by the Soviet Union.
b. Among the leading export countries in the world, East-Germany ranks in 14th place. In 1971 the per-capita GNP was $2,190.00.

Wichtige Redewendungen und Konstruktionen

immer wieder	*again and again*
und so weiter (usw.)	*and so on (etc.)*
mehr und mehr	*more and more*
genauer gesagt	*more precisely; to be more precise*
ins Wanken bringen	*to cause to falter*

Fragen

1. Welche beiden europäischen Währungen werden immer wieder mit dem amerikanischen Dollar verglichen?
2. Welche Rolle muß der Dollar mit anderen Währungen teilen?
3. Wie ist der Einfluß der Westmark in der DDR?
4. Wozu hat sich die Westmark in der DDR entwickelt?
5. Welche Artikel sind in der DDR nicht immer leicht erhältlich?
6. Wo kann man in der DDR westliche Produkte kaufen?
7. Für wen waren die Intershops ursprünglich eingerichtet worden?
8. Mit welcher Währung muß im Intershop bezahlt werden?
9. Wann wurden die Devisengesetze der DDR geändert?
10. Wieviel DM dürfen sich die Bürger der DDR schenken lassen?
11. Wo darf dieses Geld ausgegeben werden?
12. Welche anderen Möglichkeiten für DDR-Bürger gibt es, Produkte aus dem Westen zu kaufen?
13. Wo hat die Firma GENEX Geschäftspartner?
14. Was können die Bürger in der Bundesrepublik für Freunde und Verwandte in der DDR tun?
15. Was gelingt der Regierung der DDR auf diese Weise?

GRAMMATIKALISCHE ERKLÄRUNGEN

1. **Passive Voice**

    a. Forms:

    The passive voice is formed with the auxiliary **werden** and the past participle of the main verb. The different tenses are formed by conjugating the auxiliary:

PASSIVE INF.	gekauft werden	to be bought
PRESENT	es wird gekauft	it is (being) bought
PAST	es wurde gekauft	it was bought
PRESENT PERF.	es ist gekauft worden	it has been bought
PAST PERF.	es war gekauft worden	it had been bought
FUTURE	es wird gekauft werden	it will be bought
FUTURE PERF.	es wird gekauft worden sein	it will have been bought

Note that a special form of the past participle of the auxiliary **werden** is used: **worden**.

b. Uses:

1. In a passive sentence the attention is drawn to a person or a thing *that is acted upon* rather than to the person or the thing *that is acting*. This shifting of the emphasis is achieved by making the direct object of an active sentence the subject of the passive sentence; the subject of the active sentence becomes a prepositional object with **von** (+ dative). The past participle of the main verb is at the end of the main clause:

   Ich kaufe das Auto.
   Das Auto wird von mir gekauft.

2. Sometimes the passive voice is used impersonally:

   Es wird oft auf diese Währungen **hingewiesen.**
   or: Auf diese Währungen **wird** oft **hingewiesen.**

3. Note that, unlike in English, only the *direct object* of an active sentence may become the subject of a passive sentence; verbs requiring the dative keep the dative object in the passive:

   Man half **dem armen Verwandten.**
   Dem armen Verwandten wurde geholfen.
   The poor relative was helped.

ANWENDUNG

Bilden Sie das Passiv zu den folgenden Sätzen:

1. Sie liest die Zeitung.
2. Man verglich die europäischen Währungen mit dem Dollar.
3. Mein Freund hat einen „Trabant" gekauft.
4. Man erzählte mir von dem Besuch in der DDR.

Die Westmark in Konkurrenz mit der Ostmark

5. Man wird auch über die Schwäche der Währungen sprechen.
6. Vor der Reise hatte ich ein neues Auto gekauft.
7. Das Arbeitsamt konnte dem Arbeitslosen keine Arbeit vermitteln.
8. Inzwischen wird sie die Zeitung wohl zu Ende gelesen haben.

2. Alternative Constructions for the Passive

The following alternative constructions are often preferred to the passive:

a. The indefinite pronoun **man** plus an active construction:

Man spricht Deutsch.   *German is spoken.*

b. **sich lassen** or **lassen** plus an infinitive (see Chapter 2, page 15):

Da **läßt sich** nichts machen.   *Nothing can be done.*
Er läßt den „Trabant" **reparieren**.   *He is having the "Trabant" repaired.*

c. Reflexive constructions:

Die Tür **öffnet sich**.   *The door is being opened.*

ANWENDUNG

Formen Sie die angegebenen Alternativkonstruktionen zum Passiv:

1. Es kann gesagt werden, daß der „Trabant" der VW der DDR ist. (**man** + active construction)
2. Das Problem der Arbeitslosigkeit wird verallgemeinert. (**sich lassen** + infinitive)
3. Es wird empfohlen, den Whiskey im Intershop zu kaufen. (reflexive construction)
4. Ein Tisch ist von uns reserviert worden. (**lassen** + infinitive)

ÜBUNGEN

A. *Bilden Sie das Passiv zu den folgenden Sätzen:*

1. Er trinkt lieber Wein.
2. Man wies auf die beiden deutschen Staaten hin.
3. Man kann sagen, daß die DDR-Bürger lieber die Westmark nehmen.
4. Sie hatte den Bericht gelesen.
5. Der Handwerker kann den VW nicht reparieren.
6. Wir werden einen Katalog bestellen.
7. Der Politiker hat die Theorie in Frage gestellt.
8. Haben Sie einen Tisch reserviert?
9. Man half dem Autofahrer.
10. Bis zum Urlaub werde ich mir sicher ein neues Auto gekauft haben.

B. Bilden Sie das Aktiv zu den folgenden Sätzen:

1. Ursprünglich waren die Intershops von der Regierung der DDR als „duty-free shops" eingerichtet worden.
2. Auf das Gesetz wurde hingewiesen.
3. Der Fußballspieler ist von der gegnerischen Mannschaft behindert worden.
4. Das Auto wird von mir wahrscheinlich im Urlaub nicht benutzt werden.
5. Es können nicht mehr Arbeitsplätze bereitgestellt werden.
6. Das Glas Wasser wurde von dem Ober gebracht.
7. Das Problem wird hoffentlich gelöst werden können.
8. Hier soll nur Deutsch gesprochen werden.
9. Ein Urlaub muß geplant werden.
10. Die Zeitung wird von ihr gelesen worden sein.

C. Bilden Sie Sätze im Passiv mit den angegebenen Satzelementen. Benutzen Sie die angegebene Zeit, und fügen Sie andere notwendige Elemente hinzu:

1. (past) (belagern / Wien / zweimal / Türken)
2. (present) (ausgeben / viel / Geld / in / Urlaub)
3. (pres. perf.) (nennen / Wien / auch / Donaustadt)
4. (present) (reisen / in / Europa / viel)
5. (past) (schreien / auf / Fußballplatz)
6. (future) (essen / Schweinefleisch / der Kranke / nicht)
7. (pres. perf.) (stoßen / Ball / Fußballspieler / in / Tor)
8. (present) (trinken / Whiskey / im allgemeinen / gern)
9. (past perf.) (umgehen / Gesetz)
10. (present) (unterhalten / Zuschauer / Fußballspiel)

D. Übersetzen Sie ins Englische:

1. Das weltwirtschaftliche System ist von den Problemen der Arbeitslosigkeit und der Inflation ins Wanken gebracht worden.
2. Die Westmark gewinnt mehr und mehr an Einfluß in der DDR.
3. Der Gast ließ sich ein Glas Wasser bringen.
4. Im Sommer fahre ich nach Europa, genauer gesagt nach Österreich.
5. Da läßt sich nichts machen.

E. Sagen Sie auf deutsch:

1. Again and again one has pointed to the dollar as the backbone of the Western economy.
2. German is spoken in four European countries.
3. The door is being opened.
4. I was told that whiskey is not too expensive in East-Berlin.
5. This problem cannot be generalized.

Die Westmark in Konkurrenz mit der Ostmark 79

GESPRÄCHSTHEMEN

1. Gibt es im Westen auch „duty-free shops"? Wo?
2. Gibt es auch im Westen manchmal Versorgungsprobleme? Erklären Sie!
3. Warum sind einige Währungen solider als andere?

KLEINE AUFSATZTHEMEN

1. Was sind Ihre Eindrücke von der DDR im Vergleich zur Bundesrepublik?
2. Glauben Sie, daß wir im Westen zu abhängig von vielen Konsumgütern sind?
3. Was denken Sie über das sozialistische System?

VOKABULAR

allzusehr too much
ändern to change
angenehm pleasant
der **Artikel, -** article
aus-geben, gibt, gab, ausgegeben to spend
befriedigend satisfactory
bekommen, bekam, bekommen to receive, to get
der **Bericht, -e** report
besonders especially
bestellen to order
bezahlen to pay
chronisch chronic
damals then
ein-kaufen to shop
ein-richten to institute
ein-tauschen to change
empfehlen, empfiehlt, empfahl, empfohlen to recommend
erlauben to permit
erleichtern to facilitate
ernsthaft serious
erwarten to expect
erwünschen to desire
der **Export, -e** export
die **Firma, Firmen** business; firm
die **Flasche, -n** bottle
das **Fleisch** meat
die **Formalität, -en** formality
der **Gast, ¨-e** guest
gelingen, gelang, ist gelungen (+ dat.) to accomplish
gelten, gilt, galt, gegolten to be considered as
das **Gemüse, -** vegetable
das **Gesetz, -e** law

gewohnt accustomed
gleichzeitig at the same time
der **Hammer, -** hammer
der **Handwerker, -** craftsman; mechanic
heimlich secret
helfen, hilft, half, geholfen to help
hin-weisen auf, wies, hingewiesen to point out
der **Hunger** hunger
der **Import, -e** import
inoffiziell inofficially
irgendwelche any
der **Katalog, -e** catalog
kaufen to buy
das **Ketchup** ketchup
die **Kleinigkeit, -en** little thing; petty matter
die **Konkurrenz** competition
die **Kontrolle, -n** control
kosmetisch cosmetic
der **Kunde, -n** customer
der **Lauf** course
das **Leben** life
leicht easy; light
mildern to soften, to relieve
nach-geben, gibt, gab, nachgegeben to give in
nehmen, nimmt, nahm, genommen to take
notwendig necessary
das **Obst** fruit
öffnen to open
plötzlich suddenly
die **Presse** (journalistic) press
privat private
pro per
das **Produkt, -e** product

qualitativ qualitatively
die **Quelle, -n** source; well
reparieren to repair
reservieren to reserve
respektive respectively
das **Restaurant, -s** restaurant
richtig real; right, correct
die **Rolle, -n** role
schenken to donate
schließlich finally
schnell fast
die **Schwäche, -n** weakness
solide solid
somit therefore
die **Stärke, -n** strength
stellen to put
stillen to sooth, quiet
tagelang for days
die **Tatsache, -n** fact
teilen to share; to divide
der **Tisch, -e** table

die **Tür, -en** the door
umgehen, umging, umgangen to go around
ursprünglich original
das **Verhältnis, -se** relationship
die **Versorgung** supply
der **Verwandte, -n (ein Verwandter)** relative
voraus-setzen to assume
wanken to falter; to stagger
warten to wait
der **Whiskey** whiskey
wiederum again
wissen, weiß, wußte, gewußt to know
der **Wunsch, ⸚e** wish
der **Zeitpunkt, -e** point in time
zukommen lassen, läßt, ließ, lassen to furnish
zurück-führen to attribute

9 Was wären Sie gern von Beruf?

Die Frage, was man gern von Beruf wäre, oder besser was man gern werden würde, beschäftigt jeden Menschen von Kindheit an. Wenn man von vornherein wüßte, was man eines Tages für einen Beruf hätte, wäre die Vorbereitung auf eine Karriere sicherlich einfacher, aber das Leben hätte wohl auch weniger Überraschungen.

Schon immer hat es irgendwelche Traumberufe[1] gegeben; u.a.[2] spielen die kulturellen, wirtschaftlichen und politischen Umstände eine Rolle in der Popularität gewisser Berufe. Im Jahre 1977 hat das Institut für Demoskopie Allensbach[a] in der Bundesrepublik in einer Umfrage für die Illustrierte STERN[b] statistisch festgestellt, wovon die Männer träumen, d.h. welche Berufe sie sich wünschen würden, und wovon die Frauen trämen, d.h. welche Berufe sie sich für ihre Traummänner[3] wünschten.

Die Frage an die Männer lautete folgendermaßen: „Es ist ja so, daß man in seinem Leben nicht alles zugleich machen kann. Aber was meinen Sie, welche von diesen Berufen — hier ist eine Liste — hätten Ihnen Freude gemacht, welche hätten Ihnen besonders gut gelegen? Es können mehrere Berufe genannt werden."

Die Frage an die Frauen war wie folgt formuliert worden: „Es ist ja so, daß man nicht immer einen Lebenspartner[4] mit allen Vorzügen findet, die man sich wünscht. Aber was meinen Sie, welche Berufe — hier ist eine Liste mit Männerberufen — gefallen Ihnen besonders für einen Mann, welche Berufe sollte Ihr Traummann haben? Es können mehrere Berufe genannt werden."

Wie hätten Sie, ob Mann oder Frau, die Fragen beantwortet? Nach Angabe im STERN wurden 920 Frauen und 800 Männer befragt, und die Ergebnisse sollen repräsentativ für Bundesbürger und Westberliner im Alter ab 16 Jahre sein. Die Resultate der Meinungsumfrage[5]

---

1. ideal occupations. 2. **unter anderem** among other things. 3. ideal husbands. 4. life companion. 5. public-opinion poll.

Traumberufe

Wovon Männer träumen, läßt sich auch statistisch ausdrücken – durch Meinungsforschung. In einer Umfrage für den STERN hat das Institut für Demoskopie Allensbach erforscht, welche Berufe sich deutsche Männer 1977 wünschen, und parallel dazu Frauen gefragt, welchen Beruf ihr Traummann haben sollte. Es wurden 920 Frauen und 800 Männer befragt. Die Ergebnisse sind repräsentativ für Bundesbürger und Westberliner im Alter ab 16 Jahre.

Frage an Männer

Es ist ja so, daß man in seinem Leben nicht alles zugleich machen kann. Aber was meinen Sie, welche von diesen Berufen – hier ist eine Liste – hätten Ihnen Freude gemacht, welche hätten Ihnen besonders gut gelegen? Es können mehrere Berufe genannt werden.

Berufe	Prozente
Förster	24
Ingenieur	21
Pilot, Verkehrspilot	17
Lehrer	15
Mechaniker	15
Beamter	15
Architekt	14
Kraftfahrer	13
Berufssoldat, Offizier	11
Landwirt	11
Seemann	11
Arzt	11
Journalist	11
Musiker	10
Richter, Rechtsanwalt	10
Lokomotivführer	7
Politiker	7
Psychologe	7
Koch oder Konditor	6
Hochschulprofessor	4
Chemiker	4
Pfarrer, Pastor	3
Vertreter	3
Friseur	2
keine Angabe	7

Frage an Frauen

Es ist ja so, daß man nicht immer einen Lebenspartner mit allen Vorzügen findet, die man sich wünscht. Aber was meinen Sie, welche Berufe – hier ist eine Liste mit Männerberufen – gefallen Ihnen besonders für einen Mann, welche Berufe sollte ihr Traummann haben? Es können mehrere Berufe genannt werden.

Berufe	Prozente
Arzt	30
Architekt	29
Beamter	26
Ingenieur	24
Lehrer	23
Förster	18
Richter, Rechtsanwalt	17
Journalist	14
Hochschulprofessor	11
Pilot, Verkehrspilot	10
Musiker	10
Psychologe	8
Landwirt	8
Koch oder Konditor	7
Chemiker	7
Mechaniker	6
Berufssoldat, Offizier	6
Politiker	5
Pfarrer, Pastor	4
Seemann	3
Friseur	3
Kraftfahrer	2
Lokomotivführer	2
Vertreter	1
keine Angabe	14

sind nicht nur interessant sondern auch überraschend. Verallgemeinernd läßt sich sagen, daß die Männer von einem Beruf träumten, der ihnen das Gefühl der Freiheit und Unabhängigkeit geben würde. Die Frauen hingegen waren für ihre Männer eher an finanzieller Sicherheit[6] und gesellschaftlichem[7] Prestige interessiert als an Freiheit und Unabhängigkeit.

Natürlich ist nicht unbedingt zu erwarten, daß dieselbe Umfrage in einem anderen Land die gleichen Resultate bringen würde. Sogar in den westlichen Industriestaaten würden dieselben Fragen sowohl von Frauen als auch von Männern sicherlich verschieden beantwortet werden. Z.B. ist es außerordentlich unwahrscheinlich, daß dieselbe Umfrage bei amerikanischen Männern zu dem gleichen Resultat, nämlich Förster als Lieblingsberuf[8], geführt hätte. Hingegen wäre es nicht überraschend, wenn bei amerikanischen Frauen der Beruf des Arztes für ihre Männer sehr populär wäre.

Auch ist anzunehmen, daß die „Traumberufe" des Jahres 1977 in zehn Jahren nicht mehr dieselben sein werden; dies ist besonders der Fall aufgrund des schnellen technologischen Fortschritts[9] und der Frauenbewegung[10]. Die letztere wird sicherlich einen enormen Wandel auf dem Arbeitsmarkt mit sich bringen. Es könnte in den nächsten zehn Jahren soweit sein, daß die Frage, die in dieser Umfrage nur den Männern gestellt wurde, dann auch an die Frauen gestellt wird. Die Frage hingegen, die hier den Frauen vorgelegt wurde und die z.T. davon auszugehen scheint, daß die Rolle der Frau prinzipiell[11] immer noch die der Hausfrau ist, mag bis dahin nicht mehr aktuell sein.

Bemerkungen

a. This important institute for public opinion research is well known, especially for its polls before political elections in West Germany.
b. STERN is a major illustrated weekly newspaper; its articles cover a broad spectrum of contemporary issues ranging from political questions to pure entertainment.

Wichtige Redewendungen und Konstruktionen

von vornherein	from the outset
eines Tages	some day
wie folgt	as follows
immer noch	still
bis dahin	until then

---

6. financial security. 7. social. 8. favorite occupation. 9. progress. 10. women's movement. 11. principally.

Fragen

1. Was beschäftigt wohl jeden Menschen von Kindheit an?
2. Was wäre sicherlich einfacher, wenn man von vornherein wüßte, welchen Beruf man eines Tages haben würde?
3. Was spielt eine Rolle für die Popularität der Berufe?
4. Was versuchte der STERN, mit der Meinungsumfrage festzustellen?
5. Wann wurde die Umfrage gemacht?
6. Wieviele Männer und Frauen wurden befragt?
7. Für wen sollte das Ergebnis repräsentativ sein?
8. Wovon träumten die meisten Männer?
9. Woran waren die meisten Frauen interessiert?
10. Was war der Traumberuf der meisten Männer?
11. Welchen Beruf wünschten sich die meisten Frauen für ihren Traummann?
12. Würde die Umfrage in den USA wohl das gleiche Resultat bringen?
13. Kann man annehmen, daß die Traumberufe in zehn Jahren dieselben wie 1977 sein werden?
14. Was könnte einen Wandel bringen?
15. Wovon scheint die Frage, die den Frauen gestellt wurde, auszugehen?

GRAMMATIKALISCHE ERKLÄRUNGEN

Unreal Subjunctive: Subjunctive for Unreal Conditions, Requests, and Wishes

a. Forms:

While the indicative has six tenses, the unreal subjunctive may be expressed only in the present and the past.[1]

1. The present unreal subjunctive is formed with the following personal endings:

	SINGULAR	PLURAL
1ST PERSON	-e	-en
2ND PERSON	-est	-et
3RD PERSON	-e	-en
FORMAL ADDRESS		-en

These endings are added to the *stem of the past tense* of the verb.

---

[1] Traditionally, the unreal subjunctive has also been called "Subjunctive II" because of the use of the second principal part of the verb for its formation.

The past stem vowel of strong verbs and irregular verbs is umlauted when possible. This umlauting occurs also with the modal auxiliaries **dürfen, können, mögen, müssen** and with **haben** and **sein**:

INFINITIVE	PAST STEM	PRESENT UNREAL SUBJUNCTIVE	
laufen	lief-	ich **liefe**	du **liefest**
finden	fand-	ich **fände**	du **fändest**
bringen	bracht-	ich **brächte**	du **brächtest**
können	konnt-	ich **könnte**	du **könntest**
haben	hatt-	ich **hätte**	du **hättest**
sein	war-	ich **wäre**	du **wärest**

Note that the forms for the 1st person plural and 3rd person plural of the present unreal subjunctive are identical with the past indicative for those strong verbs that do not umlaut the past stem vowel:

PAST INDICATIVE	PRESENT UNREAL SUBJUNCTIVE
wir **liefen**	wir **liefen**
sie **liefen**	sie **liefen**

For weak verbs and the modal auxiliaries **sollen** and **wollen**, the forms of the present unreal subjunctive are identical with the past indicative:

INFINITIVE	PAST INDICATIVE	PRESENT UNREAL SUBJUNCTIVE
machen	ich **machte**	ich **machte**
sollen	ich **sollte**	ich **sollte**
wollen	ich **wollte**	ich **wollte**

2. The past unreal subjunctive is formed with the present unreal subjunctive forms of the auxiliaries **haben** or **sein** + the past participle of the main verb:[1]

   ich **hätte gewünscht**   ich **wäre gegangen**

b. **würde** + Infinitive Construction

   1. Frequently, the present unreal subjunctive of **werden** + the infinitive of the main verb are used as an alternate form for the present unreal subjunctive:

      Würden Sie mir bitte die Zeitung **geben!**

   2. In order to avoid ambiguity, the **würde** + infinitive construction is used when the forms of the past indicative and the present unreal subjunctive are identical. As was shown above, these identical forms occur with some strong verbs that do not umlaut the past-stem vowel and with all weak verbs:

---

1. The unreal subjunctive of the *passive voice* is formed by using the unreal subjunctive forms of the auxiliary **werden**, for example: **es würde gelesen**.

PAST INDICATIVE	PRESENT UNREAL SUBJ.	würde + INFINITIVE
wir **liefen**	wir **liefen**	wir **würden laufen**
sie **gingen**	sie **gingen**	sie **würden gehen**
ich **machte**	ich **machte**	ich **würde machen**

3. Note, that the **würde** + infinitive-construction is not used with **haben, sein,** all modal auxiliaries and in clauses introduced by the conjunction **wenn.**

c. Uses:

The unreal subjunctive is used for unreal conditions, requests, and wishes in order to express their hypothetical nature.

1. The unreal subjunctive for an unreal condition may be used in a main clause:

In einem anderen Beruf **wäre** ich glücklicher.

Unreal conditions are often expressed in contrary-to-fact statements consisting of a condition introduced by the subordinating conjunction **wenn** (*if*) and a conclusion:

CONDITION	CONCLUSION
Wenn man mich **fragte,**	**würde** ich eine Antwort geben.

Remember that the **würde** + infinitive construction cannot be used in the **wenn**-clause.

Either the condition or the conclusion may be first:

Wenn ich meinen Beruf ändern **könnte, würde** ich Förster **werden.**
Ich **würde** Förster **werden, wenn** ich meinen Beruf ändern **könnte.**

Note that, in the condition, dependent word order is used in both cases because **wenn** is a subordinating conjunction. In the conclusion, however, inverted word order is used if it follows the condition.

The conjunction **wenn** may be omitted; the verb is then at the beginning of the clause:

Wäre ich Förster, dann hätte ich mehr Freizeit.

2. The unreal subjunctive is used for polite requests:

Könntest du mir bitte (*please*) die Zeitung geben!

Note that with polite requests the **würde** + infinitive construction must be used with all verbs except for the modals and is optional with **haben** and **sein.**

Würdest du mir bitte die Zeitung geben!
Würden Sie so freundlich **sein**, mir die Tür zu öffnen.

3. The unreal subjunctive is used to express wishful thinking. The wish may be introduced by **wünschen:**

Was wären Sie gern von Beruf?

Ich **wünschte**, ich **wäre** Arzt geworden.

or **wenn:**

Wenn ich doch nur Förster **wäre!**

Remember not to use the **würde** + infinitive construction in a **wenn**-clause.

If there is no introductory phrase, the conjugated verb is at the beginning of the clause:

Wäre ich doch nur Rechtsanwalt!

doch or **doch nur** emphasize the strong desire.

ANWENDUNG

Bilden Sie den irrealen Konjunktiv (unreal subjunctive); benutzen Sie eine **würde** + *Infinitiv-Konstruktion, wenn es möglich ist:*

1. In Wien trinke ich Heurigen.
2. Wenn wir in die Schweiz fahren, besuchen wir auch Luzern.
3. Man kann viel Geld verdienen, wenn man Arzt ist.
4. Wenn er seinen Beruf ändert, ist er bestimmt glücklich.
5. Wenn man die DDR gesehen hat, kennt man ein sozialistisches Land.
6. Bringen Sie mir bitte ein Glas Wasser!
7. Fahren Sie mich bitte zum Flugplatz (*airport*)!
8. Zeigen (*show*) Sie mir bitte den Bahnhof (*railroad station*)!
9. Kannst du mir bitte die Zeitung geben!
10. Ich wünschte, unsere Mannschaft _____ ! (gewinnen)
11. Wenn ich doch Urlaub _____ ! (haben)
12. _____ ich doch nur reich! (sein)

ÜBUNGEN

A. *Bilden Sie den irrealen Konjunktiv; benutzen Sie eine* **würde** + *Infinitiv-Konstruktion, wenn es möglich ist:*

1. In einem anderen Land bringt die gleiche Umfrage ein anderes Ergebnis.
2. Wenn ich kann, werde ich Förster.
3. Wenn er das weiß, ist es einfacher für ihn.
4. Eine solche Antwort hilft ihr nicht.
5. Unter anderen wirtschaftlichen Umständen hat er einen anderen Beruf.
6. Wir machen viele Dinge verschieden, wenn wir noch einmal von Neuem beginnen.
7. Wenn es uns Freude macht, reisen wir auch um die Welt.

8. Wenn ihr ins Theater geht, kommt sie mit.
9. Wir trinken Heurigen, wenn wir in Wien sind.
10. Wenn der Ober die Zeitung bringt, lese ich sie.
11. Mit einer besseren Vorbereitung ist man in jedem Beruf erfolgreicher.
12. Wenn ich kann, arbeite ich überhaupt nicht.
13. Ich sage dir die Lösung, wenn ich sie weiß.
14. Wenn sie kann, kauft sie französischen Käse.
15. Wenn du mir das Problem erklärst, weiß ich vielleicht eine Antwort.
16. Wenn man es will, dann kann man es auch.

B. *Formen Sie den irrealen Konjunktiv in der Vergangenheit (past) mit den Sätzen in Übung A.*

C. *Formen Sie den irrealen Konjunktiv in den folgenden Bitten (requests):*

1. Kannst du mir bitte das Problem erklären!
2. Zeigen Sie mir bitte die Zeitung!
3. Bringen Sie uns bitte noch eine Flasche Wein!
4. Sind Sie so freundlich, mir zu helfen!
5. Können Sie noch eine Minute warten!

D. *Bilden Sie Wünsche; beginnen Sie den Satz mit der angegebenen Konstruktion:*

1. Ich bin (doch) ein berühmter Fußballspieler. [verb]
2. Dieses Buch ist interessanter. (ich wünschte, daß)
3. Sie ist (doch) hier. (wenn)
4. Ich weiß (doch) die richtige Antwort auf die Frage. [verb]
5. Der Arbeitslose ist qualifiziert. (ich wünschte, daß)
6. Wir können (doch) Deutsch sprechen. (wenn)

E. *Übersetzen Sie ins Englische:*

1. Man wird das Problem sicher eines Tages lösen können.
2. Ich wünschte, daß die Lage bis dahin nicht schlimmer würde.
3. Ich wußte von vornherein, daß ich die Stellung verlieren würde.
4. Wenn ich doch nur Urlaub hätte!
5. Würden Sie so freundlich sein, mir die Tür zu öffnen.

F. *Sagen Sie auf deutsch:*

1. He still wants to become a forest manager.
2. If she had been there, everything would have been different.
3. Could you please bring me a cup of coffee.
4. If I only had thought of it.
5. If we could change it, we certainly would do it.

GESPRÄCHSTHEMEN

1. Nennen Sie einige Ihrer Traumberufe!
2. Was finden Sie in einem Beruf besonders wichtig?
3. Möchten Sie einmal viel Geld verdienen?

KLEINE AUFSATZTHEMEN

1. Was möchten Sie einmal werden? Warum?
2. Wird die Frauenbewegung den Arbeitsmarkt ändern? Wie?
3. Beschreiben Sie die Arbeit, die Sie am liebsten tun würden!

VOKABULAR

aktuell   acute; topical
das Alter, -   age
die Angabe, -n   description; statement
der Architekt, -en   architect
der Arzt, ¨e   physician
außerordentlich   extraordinary
der Bahnhof, ¨e   train station
der Beamte, -n (ein Beamter)   civil servant
beantworten   to answer
befragen   to ask
der Beruf, -e   occupation
der Berufssoldat, -en   professional soldier
bitte   please
die Bitte, -n   request
der Chemiker, -   chemist
die Demoskopie   opinion poll(ing)
das Ergebnis, -se   result
das Flugplatz, ¨e   airport
folgendermaßen   as follows
formulieren   to formulate
der Förster, -   forest manager
die Freiheit   freedom
die Freude, -n   pleasure, joy
der Friseur, -e   barber
führen (zu)   to lead (to)
gefallen, gefällt, gefiel, gefallen   to like; to enjoy; to please
das Gefühl, -e   feeling, sensation
gewiß   certain
gleich   same; right away
die Hausfrau, -en   housewife
hingegen   on the other hand
der Hochschulprofessor, -en   university professor
die Illustrierte, -n   magazine
der Ingenieur, -e   engineer
das Institut, -e   institute
(sich) interessieren   to be interested

irreal   unreal
der Journalist, -en   journalist
die Kindheit   childhood
der Koch, ¨e   cook; chef
der Konditor, -en   pastry-cook
der Konjunktiv   subjunctive
der Kraftfahrer, -   truck driver
der Landwirt, -e   farmer
lauten   to read, sound
der Lehrer, -   teacher
die Liste, -n   list
der Lokomotivführer, -   locomotive engineer
der Mann, ¨er   man; husband
der Mechaniker, -   mechanic
nämlich   namely; that is (to say)
der Offizier, -e   military officer
der Pastor, -en   pastor
der Pfarrer, -   minister, preacher
der Pilot, -en   pilot
der Psychologe, -n   psychologist
der Rechtsanwalt, ¨e   lawyer
das Resultat, -e   result
der Richter, -   judge
der Seemann, Seeleute   sailor
soweit   so far
spielen   to play
statistisch   statistically
träumen   to dream
überraschen   to surprise
die Überraschung, -en   surprise
die Umfrage, -n   opinion poll
der Umstand, ¨e   circumstance
die Unabhängigkeit   independence
unbedingt   absolutely; unconditional
unwahrscheinlich   unlikely
die Vergangenheit   past (tense)
der Verkehrspilot, -en   commercial airline pilot

der **Vertreter, -** salesman
   von vornherein from the beginning
die **Vorbereitung, -en** preparation
   vor·legen to put to, submit
der **Vorzug, ⸚e** virtue; merit; advantage
der **Wandel** change
   zeigen to show
   zugleich at the same time

10 Tips zum Energiesparen

Seit der Ölkrise im Jahr 1973 versucht man überall auf der Welt, Energie zu sparen. Andere, neue Energiequellen, die die Rolle des Öles in der Energieversorgung eines ganzen Landes übernehmen könnten, sind umstritten[1]. Die Kernenergie wird von den Umweltschützern[2] angegriffen, die meinen, daß die damit verbundenen Gefahren noch nicht klar erkannt und bewältigt werden können, und die Sonnenenergie scheint technologisch noch nicht weit genug entwickelt zu sein.

Energiewissenschaftliche[3] Institute weisen immer wieder daraufhin, daß es wenige private Verbraucher gäbe, die mit den grundsätzlichen Tatsachen des Energiekonsums[4] vertraut seien. So kann man im Fernsehen immer wieder hören, daß Wäschetrocknen mit Hitze hundertmal so viel Energie verbrauche wie mechanisches Trocknen durch Schleudern[5]. Die meisten wüßten auch nicht, daß ein Wasserhahn[6], der drei Minuten offen bleibt, eine Kilowattstunde Elektrizität verbrauche. Ganz allgemein kommen alle Untersuchungen zu ähnlichen Resultaten, nämlich daß für uns in den Industrieländern Strom und Wärme aus Heizkraftwerken, Elektrizitäts- und Gaswerken[7] selbstverständlich geworden sind. Auch wird immer wieder daraufhingewiesen, daß sich im privaten Haushalt viel Energie und Geld sparen ließe, ohne daß der persönliche Komfort dafür eingeschränkt werden müsse.

Im folgenden sind einige typische Tips zum Energiesparen, die man regelmäßig in deutschsprachigen Zeitungen lesen kann:

Vor dem Kauf eines stromintensiven[8] Gerätes (Waschmaschine, Geschirrspüler, Kühlschrank) solle man sich über seinen Verbrauch informieren. Der Verbrauch sei von Hersteller zu Hersteller sehr unterschiedlich.

---

1. controversial. 2. environmentalists. 3. for the science of energy. 4. energy consumption. 5. spinning. 6. water faucet. 7. power plants for heating, electricity, and gas. 8. with a high consumption of electricity.

Wichtig sei auch, daß man die Geräte, die viel Strom verbrauchen, rationell ausnutze. Zu viele Verbraucher ließen ihre Waschmaschinen und Geschirrspüler halbleer laufen, packten jedoch ihre Kühlschränke und -truhen häufig zu voll.

Eine wichtige aber unbekannte Tatsache sei, daß Waschmaschinen und Geschirrspüler 95% des Stromes zum Aufheizen des Wassers und nur 5% für den Betrieb des Motors brauchten, wenn sie nicht an eine Heißwasserleitung[9] angeschlossen seien. Der Einbau eines Mischaggregats[10] ermögliche den rationellen Verbrauch von heißem Wasser direkt aus dem häuslichen Versorgungssystem[11].

Zum Eier-, Kartoffel-[b] und Kaffeekochen solle man das Wasser immer aus dem Warmwasserhahn entnehmen.

Am Abend bevor man zu Bett ginge, solle man die Heizungstemperatur[12] senken.

Räume, die man selten brauche, könne man leicht sparsamer heizen. Jedoch dürfe man die Heizung nie ganz abdrehen, weil die Kälte in anliegende[13] Zimmer eindringe und dort dann eine höhere Heizleistung[14] erfordere.

Auch sei es unklug, die Fenster den ganzen Tag zu öffnen; hierdurch steige der Wärmeverbrauch[15] eines Raumes um 50%. Man solle lieber öfter für kurze Zeit lüften[16]

Schließlich wird auch oft daraufhingewiesen, daß eine regelmäßige Kontrolle und Wartung der Heizanlage wichtig sei, denn verrußte[17] oder mit falscher Luftzufuhr[18] brennende Heizungen verschwendeten Energie, verunreinigten die Luft und kosteten unnötig Geld.

Durch Abdichten[19] der Fenster und Türen und durch das Isolieren der Außenwände[20] und Decken ließen sich in Ein- und Zweifamilienhäusern[21] über 40% des Wärmeverlusts vermeiden.

Man könnte sich natürlich fragen, ob solche Tips nicht zu einfach und zu oberflächlich sind. Man muß aber dennoch oft auf sie hinweisen, weil sie genau wegen ihrer Einfachheit[22] vergessen werden könnten. Denn es geht bei der Lösung des hier angesprochenen[23] Problems neben der Entwicklung neuer Energiequellen vor allem um eine sinnvollere Ausnutzung[24] der vorhandenen Energie, als dies bisher der Fall war. Schließlich sollte man bedenken: nicht jeder von uns kann eine neue Energiequelle finden, aber Energie sparen können wir alle.

---

9. hot-water pipe.   10. converter.   11. supply system.   12. furnace temperature.   13. adjacent.   14. heat output.   15. heat consumption.   16. ventilate.   17. plugged by soot.   18. air intake.   19. sealing.   20. exterior walls.   21. single-family and two-family homes.   22. simplicity.   23. addressed.   24. utilization.

"... Energie sparen können wir alle."

Bemerkungen

a. One such institution renowned in the Federal Republic is associated with the Technical University in Munich.
b. Since boiled eggs for breakfast and boiled potatoes for lunch or dinner are common features of these meals in Germany, an energy-saving way for preparing these foods is of special interest to the German consumer.

Wichtige Redewendungen und Konstruktionen

noch nicht	*not yet*
es geht um	*it is about, it concerns*
vor allem	*above all*
(es) ist der Fall	*(it) is the case*

Fragen

1. Was versucht man seit der Ölkrise im Jahr 1973?
2. Was könnte man über andere Energiequellen sagen, die die Rolle des Öles in der Energieversorgung übernehmen könnten?
3. Was meinen die Umweltschützer zur Kernenergie?
4. Was könnte man über die Sonnenenergie sagen?
5. Worauf weisen energiewissenschaftliche Institute immer wieder hin?
6. Was wissen die meisten Verbraucher nicht über das Wäschetrocknen?
7. Wieviel Elektrizität verbraucht ein Wasserhahn, der drei Minuten offen bleibt?
8. Was ist für uns selbstverständlich geworden?
9. Was kann man tun, ohne den persönlichen Komfort dafür einzuschränken?
10. Was soll man vor dem Kauf eines stromintensiven Geräts tun?
11. Was machen viele Verbraucher mit ihren Waschmaschinen und Kühlschränken falsch?
12. Wieviel Strom verbraucht eine Waschmaschine zum Aufheizen des Wassers, und wieviel verbraucht sie zum Betrieb des Motors?
13. Was soll man tun, bevor man abends zu Bett geht?
14. Warum soll man die Heizung in einem Raum nie ganz abdrehen?
15. Wie soll man lüften?
16. Warum soll man die Heizungsanlage regelmäßig kontrollieren?
17. Wodurch läßt sich 40% des Wärmeverlusts in einem Haus vermeiden?
18. Warum sollte man auf diese Tips immer wieder hinweisen?
19. Worum geht es bei der Lösung des Energieproblems?

Tips zum Energiesparen

20. Was können wir alle tun, um die Energiekrise zu lösen?

GRAMMATIKALISCHE ERKLÄRUNGEN

Indirect Subjunctive: The Subjunctive in Indirect Discourse

a. Forms:

1. The present indirect subjunctive is formed for all verbs (except **sein**) by adding the subjunctive personal endings (see Chapter 9, page 84) to the infinitive stem of the verb[1]:

INFINITIVE	STEM	PRESENT INDIRECT SUBJUNCTIVE	
laufen	**lauf-**	ich **laufe**	du **laufest**
müssen	**müss-**	ich **müsse**	du **müssest**
haben	**hab-**	ich **habe**	du **habest**

The forms of the 1st person singular, the 1st person plural, and the 3rd person plural are identical with the indicative forms:

PRESENT INDICATIVE	PRESENT INDIRECT SUBJUNCTIVE
ich **bringe**	ich **bringe**
wir **bringen**	wir **bringen**
sie **bringen**	sie **bringen**

The present indirect subjunctive of **sein** is irregular:

	SINGULAR		PLURAL	
1ST PERSON	ich	**sei**	wir	**seien**
2ND PERSON	du	**seiest**	ihr	**seiet**
3RD PERSON	er, sie, es	**sei**	sie	**seien**
FORMAL ADDRESS			Sie **seien**	

2. The past indirect subjunctive is formed with the present indirect subjunctive forms of the auxiliaries **haben** or **sein** + the past participle of the main verb[2]:

er **habe versucht**   er **sei gegangen**

---

1. Traditionally, the indirect subjunctive has been called "Subjunctive I" because of the use of the infinitive for its formation.

2. The indirect subjunctive for the future, the future perfect, and the passive voice is formed by using the indirect subjunctive of the appropriate conjugated auxiliary, for example:

FUTURE INDIRECT SUBJUNCTIVE: er **werde kaufen**
PRESENT PASSIVE INDIRECT SUBJUNCTIVE: es **werde gelesen**

b. Uses

1. In formal German, the indirect subjunctive is used to report an utterance of another person, if the speaker or writer does not intend to vouch for its accuracy. If the quotation is introduced by the subordinating conjunction **daß**, dependent word order is used:

    DIRECT DISCOURSE: Der Politiker sagt: „Kernenergie **ist** nicht gefährlich."

    INDIRECT DISCOURSE: Der Politiker sagt, **daß** Kernenergie nicht gefährlich **sei**.

    The conjunction **daß** may be omitted; normal word order or inverted word order is then used:

    Der Politiker sagt, **Kernenergie sei** nicht gefährlich.
    Der Politiker sagt, gefährlich **sei Kernenergie** nicht.

    If the speaker or writer who reports the utterance wants to express the conviction that the quoted statement is true, the indicative may be used:

    Der Politiker sagt, Kernenergie **ist** nicht gefährlich.

    In order to avoid ambiguity, the unreal-subjunctive forms are used when the forms of the indirect subjunctive and the indicative are identical: 1st person singular, 1st person plural, and 3rd person plural of all verbs except **sein**:

    DIRECT DISCOURSE: Sie sagen: „Morgen **fahren** wir nach Berlin."

    INDIRECT DISCOURSE: Sie sagen, daß sie morgen nach Berlin **führen**.

2. Note that in modern informal German the indirect subjunctive is less and less frequently used; the unreal subjunctive or the indicative have replaced the indirect subjunctive to a large extent.

3. The tense in the quotation is not influenced by the tense in the introductory clause but only by the tense used in the utterance that is being reported. The tense of the indirect quotation remains the same as in the utterance. Remember, there is only one tense for the past subjunctive.

4. Indirect questions are introduced either by the question word used in the quoted question, or, in a yes/no-question, by the subordinating conjunction **ob** *(if)*. Note that dependent word order is used:

    DIRECT DISCOURSE: Sie fragte: „**Wann willst du** ins Bett gehen?"
    INDIRECT DISCOURSE: Sie fragte, **wann er** ins Bett gehen **wolle**.

    DIRECT DISCOURSE: Er fragt: „**Willst du** ein Ei zum Frühstück?"
    INDIRECT DISCOURSE: Er fragt, **ob sie** ein Ei zum Frühstück **wollte**.

5. Indirect imperatives are formed with the auxiliary **sollen**:

    DIRECT DISCOURSE: Er hat gesagt: „**Dreh** die Heizung **ab**!"

    INDIRECT DISCOURSE: Er hat gesagt, **daß du** die Heizung **abdrehen sollst**.

Tips zum Energiesparen

6. Depending on the context, it sometimes becomes necessary to change personal pronouns, possessive pronouns, and reflexive pronouns when reporting an utterance of another person:

DIRECT DISCOURSE: Sie sagt: „Ich habe **mir** einen Kühlschrank für **mein** neues Haus gekauft."

INDIRECT DISCOURSE: Sie sagt, daß **sie sich** einen Kühlschrank für **ihr** neues Haus gekauft hätte.

ANWENDUNG

Bilden Sie die indirekte Rede:

1. Er sagt: „Ich versuche, Energie zu sparen."
2. Sie sagte: „Ich wußte nicht, wieviel Strom der neue Kühlschrank verbraucht."
3. Wir fragten sie: „Warum mußtet ihr eine neue Waschmaschine kaufen?"
4. Er fragte sie: „Bist du schon einmal mit deinem Auto in Berlin gewesen?"
5. Sie sagte zu mir: „Gib mir bitte meine Zeitung!"

ÜBUNGEN

A *Bilden Sie die indirekte Rede. Benutzen Sie* **daß***, wenn es angegeben ist:*

1. Sie sagte: „Ich will heute keine Kartoffeln essen."
2. Ich fragte ihn: „Hast du auch an den Energieverbrauch des neuen Kühlschrankes gedacht?"
3. Sie sagte: „Ich laufe jeden Tag 1000 m." (daß)
4. Sie sagte zu ihm: „Sei im Urlaub sparsam!"
5. Der Journalist fragte den Politiker: „Wann lösen Sie das Energieproblem?"
6. Der Mechaniker sagte zu mir: „Ich muß noch Ihre Heizungsanlage kontrollieren (*check*)."
7. Ich sagte zu ihm: „Tun Sie das!"
8. Sie fragte ihn: „Hast du die Wäsche getrocknet?"
9. Er sagte: „Mein Auto verbraucht zuviel Öl." (daß)
10. Sie sagte zu ihm: „Öffne nicht immer den Kühlschrank!"
11. Der Politiker sagt: „Man muß das Problem lösen."
12. Ich fragte sie: „Kannst du mir bitte die Tür öffnen?"
13. Er sagte: „Mein persönlicher Komfort war mir wichtiger als das Energiesparen."
14. Sie schrieben: „Wann besucht ihr uns mal wieder?"
15. Sie sagte: „Verschwende keine Energie!"

B. *Übersetzen Sie ins Englische:*

1. Die Umweltschützer meinten, daß Kernenergie noch zu gefährlich ist.

2. Er fragte, ob das wirklich der Fall sei.
3. Der Politiker sagte, es gehe ihm vor allem um das Energiesparen.
4. Dieses Problem ist nicht zu lösen.
5. Ich sagte dem Mechaniker, er solle die Heizung abdrehen.

C. *Sagen Sie auf deutsch:*
1. The solution to this problem has not yet been found.
2. One can read in many newspapers that housewives are not familiar with the saving of energy.
3. We should ask ourselves where new sources of energy can be found.
4. She told me not to forget to buy some French cheese.
5. She said she rarely drank Italian wine.
6. I always go to bed at eleven o'clock.
7. Up to now, my car has not used too much oil.
8. The journalist asked what the politician thought about solar energy.
9. She said that she regularly lowered the furnace temperature.
10. It was pointed out that one should always check the energy consumption of a new appliance before buying it.

GESPRÄCHSTHEMEN

1. Glauben Sie, daß die meisten Amerikaner mit den Tatsachen des Energieverbrauchs vertraut sind?
2. Glauben Sie, daß sich viel Energie in Ihrem Haushalt sparen ließe?
3. Welche Tips zum Energiesparen finden Sie besonders gut? Warum?
4. Welche Tips sind für die USA nicht aktuell? Warum?

KLEINE AUFSATZTHEMEN

1. Schreiben Sie in Ihren eigenen Worten einige Tips zum Energiesparen!
2. Erklären Sie, auf welchen Gebieten das Energiesparen seit 1973 besonders erfolgreich, und wo es besonders erfolglos gewesen ist!

VOKABULAR

ab·drehen to turn off
an·greifen, griff, angegriffen to attack
an·schließen, schloß, angeschlossen to connect, attach
auf·heizen to heat
aus·nützen to utilize

bedenken, bedachte, bedacht to remember; to think
der **Betrieb, -e** operation; business
das **Bett, ten** bed
bewältigen to surmount
bisher up to now

Tips zum Energiesparen

brauchen to use; need
brennen, brannte, gebrannt to burn
hin·weisen auf, wies, hingewiesen to point out
die Decke, -n ceiling; blanket
deutschsprachig of the German language
direkt direct
das Ei, -er egg
der Einbau installation
ein·schränken to diminish; limit
elektrisch electrical
die Elektrizität electricity
die Energie, -n energy
die Energiequelle, -n source of energy
das Energiesparen saving of energy
die Energieversorgung supply of energy
entnehmen, entnimmt, entnahm, entnommen to take (away)
erforden to require, demand
ermöglichen to make possible
das Fenster, - window
fragen to ask
die Gefahr, -en danger
genug enough
das Gerät, -e appliance
der Geschirrspüler, - dish washer
grundsätzlich fundamental
halbleer half empty
der Haushalt, -e household
häuslich domestic
heiß hot
die Heizanlage, -n heating system
heizen to heat
die Heizung, -en (central) heating
der Hersteller, - producer
hierdurch hereby
die Hitze heat
das Industrieland, ⁻er industrialized country
(sich) informieren to inform; to check
isolieren to insulate
das Kaffeekochen cooking of coffee
die Kälte cold (noun)
die Kartoffel, -n potato
der Kauf, ⁻e purchase
die Kernenergie nuclear energy
die Kilowattstunde, -n kilowatthour
der Komfort comfort

kontrollieren to check
kosten cost
der Kühlschrank, ⁻e refrigerator
die Kühltruhe, -n freezer
laufen, läuft, lief, ist gelaufen to run
die Luft air
mechanisch mechanical
der Motor, -en motor
oberflächlich superficial
öffnen to open
das Öl, -e oil
packen to load; pack
persönlich personal
rationell efficient
der Raum, ⁻e room
regelmäßig regular
selten rare
senken to lower
sinnvoll sensible
die Sonnenenergie solar energy
sparsam frugal
der Strom electrical current
der Tip, -s suggestion
trocknen to dry
über·nehmen, · nimmt, · nahm, übernommen to take over
unbekannt unknown
unklug unwise
unnötig unnecessary
unterschiedlich different
die Untersuchung, -en investigation
der Verbrauch consumption
verbrauchen to consume
vermeiden, vermied, vermieden to avoid
verschwenden to waste
vertraut sein to be familiar
verunreinigen to pollute
voll full
die Wärme heat; warmth
der Wärmeverlust, -e loss of heat
der Warmwasserhahn, ⁻e warm-water faucet
die Wartung service
die Waschmaschine, -n washing machine
das Wäschetrocknen drying of laundry
der Wasserhahn, ⁻e water faucet
das Zimmer, - room
zuviel too much

11 Die rote Rose auf dem Fensterbrett[1]

In der Wiener Zeitung KURIER gibt es einen Teil, in dem versucht wird, alten Menschen mit ihren Problemen zu helfen.

Das ist, wenn Sie wollen, eine Lesebuchgeschichte[2], die Sie zur Anregung[3] und zum Trost[4] verwenden können: die Menschen sind nicht so schlimm, wie wir das immer glauben.

Da lebt unter uns eine Dame, die dem 70er zugeht[5] und die seit neun Jahren Witwe ist. Die vier Söhne sind natürlich längst verheiratet. Das heißt: sie ist allein, so richtig allein, Tage und Wochen. Sie ist gar nicht mehr gewohnt, Menschen um sich zu haben. Das Leben geht seinen Trott — lange schlafen, das Frühstück wird stehend eingenommen[6], denn warum soll sie es sich gemütlich machen? Das weckt nur Erinnerungen, und das stimmt[7] traurig.

Für Frau S. gibt es einen Lichtblick[8] im Tag. Sie geht gerne einkaufen, immer zu einem anderen Kaufmann, denn da sind Verkäuferinnen und Händler, mit denen sie reden kann. Sie mag die Großmärkte nicht, sie sind ihr zu unpersönlich. Manchmal überwältigt sie die Einsamkeit. Sie reißt dann die Fenster auf[9], damit etwas Leben von der Straße hereinkommt, Benzingestank[10], worüber man sich ärgern kann, Leute, die vorbeigehen, da schrillt[11] das Telefon! Es ruft jemand an? Wer kann denn das sein? Vor lauter Freude stolpert[12] sie über den Staubsauger[13] und läuft zum Apparat, sie sagt ihren Namen* und dann hört sie: „Entschuldigen Sie, bitte, falsch verbunden[14]!"

Frau S. haßt Sentimentalitäten, und doch kommen ihr jetzt die Tränen. Falsch verbunden oder besser gesagt, gar nicht mehr in der

---

1. window sill. 2. human-interest story. 3. stimulation. 4. solace. 5. approaching seventy. 6. eaten. 7. makes. 8. bright moment. 9. throws open. 10. gasoline odor. 11. shrills. 12. stumbles. 13. vacuum cleaner. 14. wrong number.

Abgedruckt mit Genehmigung der Redaktion der Wiener Tageszeitung KURIER, erschienen am 18. März 1978.

„... die Mitgefährten unseres Daseins..."

Leitung[15]. Sie geht zum Fenster zurück, und da liegt auf dem Fensterbrett (Frau S. wohnt im Parterre[16])[b] eine rote Rose.

Eine Frau freut sich immer über Blumen, aber diese rote Rose war Frau S. viel mehr als der Blumengruß eines Unbekannten. Diese rote Rose sagte einfach: Du bist nicht allein und es denkt jemand an dich.

Menschen, die unter Menschen leben, die genügend Abwechslung haben, die werden sich über die rote Rose nicht viel Gedanken machen. Eine Nachbarin, die Hausbesorgerin[17], der Pensionist[18] vom dritten Stock, irgendeiner wird auf die Idee gekommen sein, die Blume hinzulegen, um der Frau S. ein bißchen Freude zu machen. Vielleicht war es auch nur Zufall, die Blume lag auf der Straße, jemand hob sie auf, in der Meinung[19], die Rose gehöre auf das Fensterbrett. Wie immer es war, dieser Frau S. hat die Rose den Glauben an die Menschen zurückgegeben.

Eine simple Geschichte mit einer ungeheuren Moral. Wie oft wären wir in der Lage, diese Freude einem Mitmenschen zu machen. Es müßte nicht einmal eine Rose sein. Ein freundlicher Gruß, ein hingeworfener Satz: „Wie geht es Ihnen? Ich freue mich, Sie zu sehen!" Schon wird der Himmel heller und das scheinbar sinnlose Leben eines einsamen Menschen mit ein klein wenig Hoffnung erfüllt. Es gibt freundliche Leute, die nicht nur an sich denken und die bereit sind, ein wenig Anteil zu nehmen am Leben eines anderen.

Wir alle brauchen sie, die Mitgefährten[20] unseres Daseins[21], die uns Blumen auf das Fensterbrett legen. Da wir nicht alle im Parterre wohnen, würde es genügen, sie in den Briefschlitz[22] in der Tür zu stecken. Ich habe die Hoffnung, daß diese Zeilen für Sie ein wenig anregend sein könnten. Denken Sie einmal nach, vielleicht fällt Ihnen jemand ein, der diesen Blumengruß von Ihnen dringend erwartet.

Bemerkungen

a. It is customary to give your name on the phone when answering.
b. In Germany, the first floor is equivalent to the second floor in America; the first or ground floor is called **Parterre**.

Wichtige Redewendungen und Konstruktionen

das Leben geht seinen Trott	life grinds on
es sich gemütlich machen	to pamper oneself
Erinnerungen wecken	to bring back memories
vor lauter Freude	full of joy
Entschuldigen Sie bitte!	Excuse me!

---

15. disconnected. 16. first floor. 17. superintendant. 18. pensioner. 19. thinking. 20. companions. 21. existence. 22. mail slot.

Die rote Rose auf dem Fensterbrett

auf die Idee kommen — *to have an idea*
ein bißchen Freude machen — *to bring a little joy into life*
Wie geht es Ihnen? — *How are you?*

Fragen

1. Warum können Sie diese Geschichte zur Anregung und zum Trost verwenden?
2. Was wissen Sie über die Dame in dieser Geschichte?
3. Warum macht es sich Frau S. nicht mehr gemütlich?
4. Was für einen Lichtblick im Tag gibt es für Frau S.?
5. Warum reißt Frau S. manchmal die Fenster auf?
6. Wer ruft Frau S. an?
7. Was findet Frau S., als sie zum Fenster zurückgeht?
8. Was bedeutet der Blumengruß für Frau S.?
9. Wie können wir unseren Mitmenschen eine Freude machen?
10. Kennen Sie jemand, dem Sie eine Freude machen können? Was werden Sie tun?

ÜBUNGEN

A. *Bilden Sie vollständige Sätze mit den gegebenen Satzelementen in den angegebenen Zeiten:*

1. können [present] / freundlich / Blumengruß / sein / anregend / Abwechslung
2. hinlegen [past] / unbekannt / Mitmensch / rot / Rose / auf / Fensterbrett
3. machen [future] / unpersönlich / Gruß / wahrscheinlich / viele / alt / Mensch / traurig
4. sich ärgern [pres. perf.] / einsam / Dame / über / sinnlos / Anruf / nicht
5. müssen [past] / ich / über / dieser / simpel / Satz / lang / Zeit / nachdenken
6. werden [pres. perf.] / Himmel / über / Stadt / hell
7. sollen [present] / Frühstück / gemütlich / sein
8. sein [present] / freundlich / Mitmensch [plural] / für / alle / alt / Mensch [plural] / wichtig
9. sich entschuldigen [past] / der Unbekannte / freundlich / bei / alt / Dame
10. einkaufen [present] / wir / wegen / Abwechslung / auch / gern / in / unpersönlich / Großmarkt [plural]

B. *Bilden Sie vollständige Sätze mit den gegebenen Satzelementen in den angegebenen Zeiten:*

1. anrufen [pres. perf.] / unser / Nachbarin [subject] / du

2. überwältigen [past] / Geschichte [subject] / ich
3. sich entschuldigen [future] / ich [subject] / bei / er
4. nachdenken [past] / Frau S. / lange / über / rot / Rose
5. zurückgeben [pres. perf.] / er [subject] / Zeitung / sie [sing.] / schon
6. einfallen [present] / Name [subject] / neu / Nachbarin / ich / nicht
7. sich öffnen [past] / Tür / langsam / / und / / hereinkommen [past] / unbekannt / Dame
8. erfüllen [pres. perf.] / vier / verheiratet / Sohn / alt / Frau / alle / Wunsch
9. sich ärgern [future] / er / vielleicht / über / solch ein / sinnlos / Anruf
10. vorbeigehen [pres. perf.] / du / an / Großmarkt / / und / / einkaufen [pres. perf.] / etwas?

C. *Bilden Sie vollständige Sätze mit den gegebenen Satzelementen in den angegebenen Zeiten:*

1. nach Hause gehen [pres. perf.] / nach / spannend / Spiel / alle / fanatisch / Zuschauer
2. lesen [past perf.] / vor / unser / Reise / ich / lang / Buch / über / Schweiz
3. sein [pres. perf.] / wir / in / Urlaub / sowohl / in / Österreich / als auch / in / Schweiz
4. lösen [pres. perf.] / Problem / Wiedervereinigung / Deutschland / noch / nicht
5. essen [past perf.] / vor / Spiel / wir / Würstchen / mit / Senf
6. fahren [pres. perf.] / sie / weder / nach / Ost-Berlin / noch / in / DDR
7. wünschen [pres. perf.] / alle / Politiker / verbessert / Beziehung [plural]
8. werden [pres. perf.] / aus / eins / Deutschland / vor / Zweit- / Weltkrieg / zwei / nebeneinander / lebend / Staat
9. spielen [pres. perf.] / Fußball / ich / immer / gern
10. fliegen [pres. perf.] / Pilot / Flugzeug / sicher / über / gefährlich / Gebiet

D. *Übersetzen Sie ins Englische:*

1. Der Blumengruß hat viele Erinnerungen geweckt.
2. Man kann vielen Mitmenschen sehr leicht eine Freude machen.
3. Wie geht es dir heute?
4. Auf diese Idee wäre ich nie gekommen.
5. Vor lauter Freude über den Anruf sind mir die Tränen gekommen.

E. *Sagen Sie auf deutsch:*

1. I thought much about this story.
2. Sometimes one should pamper oneself.

Die rote Rose auf dem Fensterbrett

3. Whatever one does, life grinds on.
4. Excuse me please, wrong number!
5. I am happy to see you!

GESPRÄCHSTHEMEN

1. Warum ist „Die Rose auf dem Fensterbrett" eine Lesebuchgeschichte?
2. Kennen Sie jemand, der von Ihnen einen Blumengruß erwartet?

KLEINE AUFSATZTHEMEN

1. Was ist die Moral der Geschichte „Die rote Rose auf dem Fensterbrett"?
2. Warum sind so viele alte Menschen allein?

VOKABULAR

die **Abwechslung, -en** diversion
allein alone
anregend stimulating
an·rufen, rief, angerufen to make a phone call
der **Anteil, -e** part
der **Apparat, -e** telephone
(sich) ärgern to be angry
die **Blume, -n** flower
der **Blumengruß, ⸚e** floral greeting
da there
die **Dame, -n** lady
doch nevertheless
dringend urgent
ein·fallen, fällt, fiel, ist eingefallen to think of
einsam lonely
die **Einsamkeit** loneliness
(sich) entschuldigen to apologize
erfüllen to fill
etwas some
freundlich friendly
gar nicht not at all
genügen to suffice
genügend sufficient
der **Glaube** faith
der **Großmarkt, ⸚e** supermarket
der **Gruß, ⸚e** greeting
der **Händler, -** salesman
hassen to hate
hell bright
herein·kommen, kam, ist hereingekommen to come in

der **Himmel** sky
hingeworfen casually dropped
hin·legen to lay there
die **Hoffnung, -en** hope
die **Idee, -n** idea
jemand somebody
der **Kaufmann, Kaufleute** merchant
längst (adverb) long
legen to lay
die **Leute (plural)** people
die **Leitung, -en** line
der **Mitmensch, -en** fellow man
die **Moral** moral (lesson)
die **Nachbarin, -nen** female neighbor
nach·denken, dachte, nachgedacht to think, ponder
nicht einmal not even
reden to talk
die **Rose, -n** rose
der **Satz, ⸚e** sentence
scheinbar apparently
schlafen, schläft, schlief, geschlafen to sleep
schlimm bad
die **Sentimentalität, -en** sentimentality
simpel simple
sinnlos senseless
der **Sohn, ⸚e** son
stecken to put
der **Stock, Stockwerke** floor (level of a building)
die **Straße, -n** street
das **Telefon, -e** telephone

die **Träne, -n** tear
traurig sad
überwältigen to overwhelm
der **Unbekannte, -n (ein Unbekannter)**
 stranger
ungeheuer huge, enormous
unpersönlich impersonal
verheiratet married
die **Verkäuferin, -nen** sales woman, clerk

verwenden to use
vorbei-gehen, ging, ist vorbei-gegangen to pass
die **Witwe, -n** widow
wohnen to reside, live
die **Zeile, -n** line
der **Zufall, ⸚e** coincidence, chance
zurück-geben, gibt, gab, zurück-gegeben to give back

Bumerang

Die Schweiz, ein neutrales Land seit 1815, hat ein Verteidigungssystem, das diese Neutralität garantieren kann.

Die Verteidigung der Schweiz baut auf ein System, das den Kampf von der Landesgrenze an vorsieht[1]. "Der mögliche Angreifer soll im voraus wissen, daß ihn jeder Schritt Opfer an Menschen und Material kostet. Einen wesentlichen Teil dieses Abwehrkampfs[2] sollen die Grenzbrigaden[3] führen. Sie werden in ihrer Aufgabe unterstützt durch die Feldarmee[4] und deren technische Mittel.

Manöver der Grenzbrigaden sind daher durch einige Besonderheiten[5] gekennzeichnet: Die Truppe kämpft in einem Gebiet, in dem sie regelmäßig übt, das sie kennt, weil ihr ganze Abschnitte[6] fest zugeteilt sind. Sie verfügt[7] dabei über ein Netz von permanenten Anlagen. Es sind dies Kommandoposten, unterirdische Unterkünfte[8] und Versorgungsanlagen. Sie werden ergänzt durch ein jeweils schnell zu erstellendes Netz von Feldbefestigungen[9]. Dazu kommen Sperrwerke[10] aller Art. Man zählt in der Schweiz rund 4 000 permanente Straßenbarrikaden, Geländehindernisse[11] und verminte[12] Gebiete. In den Sperrwerken sind rund 400 Geschütze, 600 Panzerabwehrwaffen[13], 1 800 Maschinengewehre und sogar Schutzplätze[14] für ein Fünftel des gesamten Bestands[15] der Armee vorhanden.

Die den Grenzbrigaden zugewiesenen Einheiten umfassen fast nur Soldaten im Alter von 32 bis 46 Jahren. Sie stammen aus der Gegend, können schnell mobilisiert werden und werden einen ersten Stoß eines Gegners aufzufangen versuchen. Da sie dafür über die permanenten

---

1. anticipates. 2. defensive battle. 3. border patrols. 4. (field) army. 5. peculiarities. 6. areas. 7. controls. 8. underground shelters. 9. fortifications. 10. blocking devices. 11. natural obstacles. 12. mined. 13. antitank weapons. 14. protected depots. 15. strength.

Abgedruckt mit Genehmigung der Redaktion des TAGES-ANZEIGER, Fernausgabe, erschienen am 7. März 1978.

Einrichtungen verfügen, besteht Grund zur Annahme, daß sie dieser Primäraufgabe[16] mit guter Aussicht auf Erfolg nachkommen können.
Im übrigen soll dann aus dieser Verteidigung heraus auch der Gegenstoß[17] in Zusammenarbeit mit der Feldarmee wirkungsvoll geführt werden können. Nicht umsonst heißt die laufende Übung der Grenzbrigade 6 „Bumerang".

In den Manövern dieser Tage stehen sich als blauer Verteidiger die Grenzbrigade 6 und als roter Angreifer Truppen der Felddivision 6 gegenüber. Die Übungsleitung[18] liegt beim Kommandanten der F Div 6, Divisionär[19] Frank Seethaler. Im Einsatz sind 15 000 Mann.

Divisionär Seethaler hat sein Ziel als Ausbilder[20] wie folgt umschrieben: Für Blau als Verteidiger geht es darum, Gelegenheit zu erhalten, die Führung zu schulen. Die Truppe hat drei Dinge zu üben: Verteidigen, Feuern, Bewegen. Für Rot gilt es, den „Angriff" in allen Varianten zu schulen.

Bemerkungen

a. In international relations, Switzerland and Austria have remained non-aligned. The Federal Republic of Germany is a member of the North Atlantic Treaty Organization, (NATO) and the German Democratic Republic is a member of the opposing alliance, the Warsaw Pact.

Wichtige Redewendungen und Konstruktionen

im voraus	*in advance*
es kostet Opfer	*it costs dearly*
mit guter Aussicht auf Erfolg	*with a good chance of success*
es geht darum	*it has the purpose*

Fragen

1. Worauf baut die Verteidigung der Schweiz auf?
2. Was soll der mögliche Angreifer im voraus wissen?
3. Wer soll den Abwehrkampf führen?
4. Wodurch sind die Manöver der Grenzbrigaden gekennzeichnet?
5. Worüber verfügt die Grenzbrigade?
s. Was für Sperrwerke gibt es im Verteidigungssystem der Schweiz?
7. Wie alt sind die Soldaten, die den Grenzbrigaden zugewiesen werden?

---

16. primary purpose. 17. counter attack. 18. direction of the (military) exercise.
19. division commander. 20. instructor.

Bumerang

8. Warum heißt die laufende Übung der Grenzbrigade 6 „Bumerang"?
9. Was bedeuten die Farben blau und rot in diesem Manöver?
10. Worin sollen Blau und Rot geschult werden?

ÜBUNGEN

A. *Bilden Sie Sätze mit den gegebenen Satzelementen in den angegebenen Zeiten:*

1. auffangen [past] / Verteidiger [plural] / Angriff
2. umschreiben [pres. perf.] / Kommandant / Ziel / Manöver / mit / wenige / Wort
3. sich bewegen [present] / Angreifer [plural] / langsam / zu / Straßenbarrikade
4. nachkommen [pres. perf.] / Einheit / ihr / Aufgabe / in / dieser / Manöver
5. unterstützen [past] / Feldarmee / wirkungsvoll / Grenzbrigade
6. zuteilen [past perf.] / vor / Manöver / man / Soldat [plural] / verschieden / Aufgabe [plural]
7. sich ansehen [imperative; informal singular] / bitte / Material [plural] / für / Manöver
8. erhalten [present] / solch ein / gut / Gelegenheit / man / nicht / oft
9. verfügen [present] / Grenzbrigade [plural] / in / Schweiz / über / fest / Unterkunft [plural] / an / Landesgrenze
10. ergänzen [pres. perf.] / Feldarmee [subj.] / Grenzbrigade

B. *Ändern Sie die Sätze zum Perfekt oder Plusquamperfekt:*

1. Einen wesentlichen Teil des Abwehrkampfes führen die Grenzbrigaden. (pres. perf.)
2. Sie werden dabei durch die Feldarmee unterstützt. (pres. perf.)
3. Der Truppe wurde vor dem Angriff ein ganzer Abschnitt fest zugeteilt. (past perf.)
4. Die Einheit verfügt über ein Netz von permanenten Anlagen. (pres. perf.)
5. Vor dem Manöver wird das Verteidigungssystem von dem Kommandanten erklärt. (past perf.)
6. Die Schweiz ist seit 1815 ein neutrales Land. (pres. perf.)
7. Jeder Schritt kostete Opfer an Material und Menschen. (past perf.)
8. Die blauen Verteidiger stehen den roten Angreifern gegenüber. (pres. perf.)
9. 15 000 Mann sind im Einsatz. (pres. perf.)
10. Manche Soldaten gehen nicht gern ins Manöver. (past perf.)

C. Verbinden Sie die beiden Sätze mit der entsprechenden deutschen Konjunktion an der angegebenen Stelle:

1. Ich hoffe. [that] Unsere Mannschaft gewinnt das nächste Spiel.
2. [when] Das Spiel war zu Ende. Die Zuschauer gingen nach Hause.
3. Im Vergleich mit Österreich ist die Bundesrepublik ein teures Land für Touristen. [but] Die Schweiz ist wahrscheinlich noch teurer.
4. Ich hatte viele Bücher gelesen. [before] Ich fuhr nach Europa.
5. Er will nicht nach Italien fahren. [because] Er spricht nicht Italienisch.
6. [after] Ich hatte West-Berlin gesehen. Ich besuchte auch Ost-Berlin.
7. [when] Ich habe ein Fußballspiel gesehen. Ich habe immer Würstchen mit Senf gegessen.
8. Er schrieb uns aus Europa. [that] Weder der Bus noch der Zug sind teuer.
9. Die Zuschauer lassen sich von dem Spiel unterhalten. [and] Sie trinken Bier.
10. [although] Ich verstehe fast nichts davon. Ich spiele gern Fußball.

D. Übersetzen Sie ins Englische:

1. Es geht bei diesem Manöver darum, die Landesgrenze zu verteidigen.
2. Sie wußten im voraus, daß sie Erfolg haben werden.
3. Jeder Krieg kostet Opfer an Menschen und Material.
4. Manöver in der Schweiz sind durch einige Besonderheiten gekennzeichnet.
5. Die Truppe verfügte nicht nur über Unterkünfte sondern auch über Befestigungsanlagen.

E. Sagen Sie auf deutsch:

1. Our team began the match with a good chance of success.
2. The attacking troops moved toward the border.
3. The blue defenders were confronted by the red attackers.
4. When the exercise began, there were 15 000 men in action.
5. After they had finished the exercise successfully, the soldiers went home.

GESPRÄCHSTHEMEN

1. Die Schweiz ist ein kleines und neutrales Land; warum braucht sie ein Verteidigungssystem?
2. Glauben Sie, daß im Fall eines Angriffs das Verteidigungssystem der Schweiz erfolgreich sein wird? Warum oder warum nicht?

KLEINE AUFSATZTHEMEN

1. Beschreiben Sie in Ihren eigenen Worten das „Bumerang"-System!
2. Warum kann die Schweiz ein neutrales Land sein, die USA aber nicht?

VOKABULAR

der **Angreifer, -** attacker
die **Anlage, -n** installation
die **Armee, -n** army
die **Art, -en** type
  auf·fangen, fängt, fing, aufgefangen to absorb
die **Aussicht, -en** prospect, chance
  (sich) bewegen to move
die **Einheit, -en** unit
die **Einrichtung, -en** installation
der **Einsatz, ⸚e** action, mission
  ergänzen to supplement
  erhalten, erhält, erhielt, erhalten to receive
  erstellen to construct
die **Feldarmee, -n** field army
  fest firm
  feuern to fire
das **Fünftel, -** fifth
  garantieren to guaranty
der **Gegner, -** opponent
  gekennzeichnet characterized
die **Gelegenheit, -en** opportunity
das **Geschütz, -e** cannon, gun
  jeweils in each case
der **Kommandant, -en** commander
die **Landesgrenze, -n** border of a country
das **Manöver, -** maneuver
das **Maschinengewehr, -e** machine gun
das **Material, -ien** military equipment
das **Mittel, -** means
  mobilisieren to mobilize
  möglich possible
  nach·kommen, kam, ist nachgekommen to accomplish
das **Netz, -e** network

  neutral neutral
die **Neutralität** neutrality
das **Opfer, -** sacrifice
  permanent permanent
  schulen to train, school
der **Soldat, -en** soldier
  stammen to stem, originate
der **Stoß, ⸚e** thrust, blow
die **Straßenbarrikade, -n** street barricade
  technisch technical
die **Truppe, -n** troop
  üben to practice
  übrig remaining
  umschreiben, umschrieb, umschrieben to paraphrase
  umsonst for nothing, gratis
  unterirdisch subterranean, underground
die **Unterkunft, ⸚e** shelter
  unterstützen to support
die **Variante, -n** variant
  verfügen to control, have at one's disposal
die **Versorgungsanlage, -n** supply system
  verteidigen to defend
der **Verteidiger, -** defender
das **Verteidigungssystem, -e** system of defense
  wesentlich essential
  wirkungsvoll effective
  zählen to count
die **Zusammenarbeit** collaboration
  zu·teilen to allocate
  zu·weisen, wies zu, zugewiesen to allot to, assign to

„Viele Jugendliche in der DDR verbringen einen großen Teil ihrer Freizeit in Jugendklubs."

13 Jugendklubs beliebte Treffpunkte

Dieser Artikel beschreibt, welche Möglichkeiten den Jugendlichen in der DDR für ihre Freizeit geboten werden.

Viele Jugendliche in der DDR verbringen einen großen Teil ihrer Freizeit in Jugendklubs. Nachdem die ersten Klubs am Anfang der sechziger Jahre gegründet wurden, entwickelten sie sich bis heute zu beliebten Treffpunkten. Gegenwärtig gibt es in unserem Land über 4 600 Klubs mit 120 000 aktiven Mitgliedern, die sich um die interessante und vielseitige Freizeitgestaltung Gleichaltriger[1] kümmern. Die Zahl dieser Klubs soll in den nächsten Jahren weiter steigen.

Die Mehrzahl der Klubs entstand auf Initiative der Jugendlichen selbst. Das beginnt beim Aufbau und reicht[2] bis zur Organisation der Veranstaltungen. In freiwilligen Arbeitseinsätzen[3] und oft mit Unterstützung von Betrieben halten die Mitglieder ihre Räume auch selbst instand.

Die Programme und Veranstaltungen sind in den letzten Jahren wesentlich vielseitiger geworden. Sie reichen von Tanzabenden, Diskussionen zu aktuell-politischen Themen bis zu Filmen, Dia-Serien[4] und populärwissenschaftlichen Vorträgen. Als eine neue Form der niveauvollen[5] Freizeitgestaltung erweisen sich Magazinprogramme[6], so in Crottendorf, Kreis Annaberg*, und in anderen Klubs. Hier wird versucht, Vielseitigkeit in einer Veranstaltung zu bieten: Diskothek, Gespräche über Filme oder Literatur und anderes mehr. Um auf die Wünsche möglichst vieler Jugendlicher eingehen[7] zu können, wurden in einigen Klubs unterschiedliche Zirkel gebildet. Sozusagen als „Klub im Klub" wirken[8] in den Städten Merseburg und Suhl Fotoamateure, Tanzgruppen oder andere Hobbyzirkel.

---

1. of equal (or similar) age. 2. extends. 3. voluntary mobilization of labor. 4. slide shows. 5. of high (intellectual) level. 6. entertainment programs. 7. respond. 8. function.

Abgedruckt mit Genehmigung der Redaktion NEUES DEUTSCHLAND, erschienen am 27. März 1978.

Diskothek in Ost-Berlin

Jugendklubs beliebte Treffpunkte

Am häufigsten ist es die Diskothek, die oft mehrmals in der Woche in den Klub einlädt. Die Zahl der Diskothekveranstaltungen erhöht sich ständig. Im vergangenen Jahr waren es ungefähr 90 000 solcher Veranstaltungen. In Bernburg lädt der Jugendklub täglich zum Jugendtanz ein. Zwei Abende davon sind jungen Eheleuten vorbehalten[9].

Erfolge konnten besonders dort erreicht werden, wo die FDJ-Klubs[b] eng mit den örtlichen Räten[10] zusammenarbeiten. In Borna bauten[11] die Mitglieder des Klubs junger Eisenbahner[12] gemeinsam mit dem Rat, der Nationalen Front[c] und zahlreichen Betrieben ein ehemaliges Altersheim[13] als neues Klubhaus aus. Die Kapazität des alten Gebäudes reichte nicht mehr aus, um alle Interessenten aufnehmen zu können. Auch im Freien finden bei günstigem Wetter Veranstaltungen statt, unter anderem Modenschauen und Chorkonzerte[14].

Eine andere Form von Jugendklubs besteht in gesellschaftlichen Einrichtungen. In Theatern und Museen sowie auch Zoos und Tierparks[15] pflegen[16] Wissenschaftler und Künstler mit Führungen oder Exkursionen den Kontakt zu ihrem Publikum. Der Klub des Berliner Tierparks besteht seit fast zwanzig Jahren. Die Jugendlichen erfüllen auch Aufgaben im Naturschutz[17] und lernen dabei die heimische Fauna[18] näher kennen.

Bemerkungen

a. **Kreis:** An administrative unit similar to a county in the United States.
b. **FDJ** stands for **Freie Deutsche Jugend.** The "Free German Youth," founded in 1946, is the all-embracing political mass organisation in the GDR.
c. In the "National Front," the political parties and mass organisations mobilize all sections of the population for joint action to develop a socialist society. It has committees in counties, districts, municipalities, and neighborhoods.

Wichtige Redewendungen und Konstruktionen

instand halten	to maintain, keep in order
sozusagen	so to speak
mehrmals in der Woche	several times a week
im Freien	outside, in the open air

---

9. reserved. 10. local council. 11. remodeled. 12. railroad employees. 13. home for the aged. 14. vocal concerts. 15. zoological gardens. 16. maintain. 17. preservation of nature. 18. local fauna.

Fragen

1. Wo verbringen viele Jugendliche in der DDR ihre Freizeit?
2. Wann wurden die ersten Jugendklubs gegründet?
3. Wieviele Jugendklubs mit wievielen Mitgliedern gibt es in der DDR?
4. Wie entstand die Mehrzahl dieser Klubs?
5. Was für Programme und Veranstaltungen bieten diese Klubs?
6. Was sind Magazinprogramme?
7. Was für „Klubs im Klub" gibt es?
8. Wer lädt die Mitglieder des Jugendklubs am häufigsten ein?
9. Wo haben die Jugendklubs die größten Erfolge?
10. Was für Veranstaltungen finden im Freien statt?
11. Was für eine Form von Jugendklubs gibt es in gesellschaftlichen Einrichtungen wie z.B. Museen und Zoos?
12. Wann wurde der Klub des Berliner Tierparks gegründet?

ÜBUNGEN

A. *Bilden Sie Sätze mit den gegebenen Satzelementen in den angegebenen Zeiten:*

1. ausreichen [pres. perf.] / Kapazität / alt / Klub / nicht / für / alle / Mitglied
2. bilden [pres. perf.] / Jugendlicher [plural] / viele / Hobbyzirkel / in / letzt- / Jahr [plural]
3. einladen [past perf.] / unser / Freund [plural; subj.] / wir / schon / vor / Ferien / zu / Dia-Abend
4. entstehen [pres. perf.] / nach / Vortrag / in / Publikum / lang / Diskussion
5. sich erweisen [pres. perf.] / Tanzabend [plural] / in / Klub / als / erfolgreichst- / Veranstaltung
6. gründen [past perf.] / Wissenschaftler [plural] / vor / zwanzig / Jahr / Klub / Berliner Tierpark
7. sein [pres. perf.] / leider / Wetter / nicht / gut / bei / Tanzabend / im Freien
8. stattfinden [past perf.] / Modenschau / vor / viele / Zuschauer
9. zusammenarbeiten [pres. perf.] / Mitglied [plural] / bei / Aufbau / Klubhaus / für / neu / gegründet / Klub / gut
10. sich kümmern um [past perf.] / Jugendlicher [plural] / selbst / Programm

B. *Verbinden Sie die beiden Sätze mit der entsprechenden deutschen Konjunktion an der angegebenen Stelle:*

1. Ich weiß (es) nicht. [whether] Wird die Veranstaltung im Freien stattfinden?

Jugendklubs beliebte Treffpunkte

2. [*as soon as*] Das Klubhaus ist fertig. Wir veranstalten einen Tanzabend.
3. [*after*] Der erste Klub war am Anfang der sechziger Jahre gegründet worden. Viele Jugendliche wurden Mitglieder.
4. Alle Mitglieder haben freiwillig geholfen. [*when*] Ein neues Klubhaus mußte gebaut werden.
5. [*although*] Der Vortrag war sehr interessant. Nur wenige Jugendliche waren erschienen.
6. Ich gehe nicht zu dem Tanzabend. [*but, on the contrary*] Ich sehe mir die Modenschau an.
7. Die Mitglieder haben immer zusammengearbeitet. [*when*] Es war notwendig.
8. In manchen Klubs gibt es mehrere Hobbyzirkel. [*because*] Viele Leute haben verschiedene Interessen.
9. Die Jugendlichen hoffen (es). [—] Die Zahl der Tanzabende wird weiter steigen.
10. Natürlich gibt es auch viele politische Veranstaltungen. [*for*] Die FDJ-Klubs arbeiten eng mit den örtlichen Räten zusammen.

C. Fügen Sie die entsprechenden deutschen Wörter ein.

1. Spanien ist wahrscheinlich ein _____ Reiseland _____ Italien. (*cheaper/than*)
2. Bei einer Ferienfahrt im Bus sieht man _____ _____ im Flugzeug. (*more/than*)
3. Hat er dir schon _____ _____ erzählt? (*everything/important*)
4. Während dieses Urlaubs habe ich _____ _____ erlebt. (*something/interesting*)
5. Eine Fahrt mit dem Zug ist _____ _____ mit dem Auto. (*more expensive/than*)
6. Der _____ Politiker war _____. (*younger/the most successful*)
7. _____ Wein ist im allgemeinen _____. (*older/better*)
8. Das _____ Bier schmeckt nicht immer _____. (*coldest/the best*)
9. Abenteuer im Urlaub sind _____ _____ _____ die Erholung. (*as important as*)
10. Die _____ Touristen sparen ein ganzes Jahr für ihren Urlaub. (*most*)

D. Übersetzen Sie ins Englische:

1. Die Jugendlichen hielten das Klubhaus sehr gut instand.
2. Wenn das Wetter gut ist, findet die Modenschau im Freien statt.

3. Wir gehen mehrmals in der Woche zum Tanzen.
4. Die Hobbyzirkel sind sozusagen „Klubs im Klub".
5. Ist das sozialistische System wirklich so gut wie das kapitalistische?

E. *Sagen Sie auf deutsch:*

1. Entertainment programs are more versatile than political programs.
2. The club houses are being built with more or less voluntary labor.
3. More and more people come to these events.
4. Some members are, of course, more active than others.
5. I don't like fashion shows as much as movies.

GESPRÄCHSTHEMEN

1. Wie finden Sie die Idee der Jugendklubs?
2. Würden Sie gern Mitglied eines Jugendklubs sein?

KLEINE AUFSATZTHEMEN

1. Finden Sie es richtig, daß politische Institutionen wie die FDJ einen Einfluß auf die Jugendklubs haben? Warum oder warum nicht?
2. Welche Programme und Veranstaltungen der Jugendklubs finden Sie besonders interessant?
3. Würden amerikanische Jugendliche für Jugendklubs wie in der DDR, wo die Freizeit genau geplant ist, Interesse zeigen?

VOKABULAR

aktiv active
der **Aufbau** building, construction
aus·reichen to suffice
bilden to form
die **Diskothek, -en** discothèque, disco
die **Diskussion, -en** discussion
die **Eheleute** (pl.) married couple
ein·laden, lädt, lud, eingeladen to invite
eng close
entstehen, entstand, ist entstanden to originate
(sich) erhöhen to rise
sich erweisen, erwies, erwiesen to prove; to render
die **Exkursion, -en** excursion
die **Fauna** fauna, animals
der **Film, -e** movie, film
die **Form, -en** form
der **Fotoamateur, -e** amateur photographer
frei free
freiwillig voluntary
die **Freizeitgestaltung, -en** recreational activities
die **Front, -en** front
das **Gebäude, -** building
gegenwärtig presently
gesellschaftlich social
das **Gespräch, -e** discussion
gründen to found
günstig favorable
heimisch local
der **Hobbyzirkel, -** special interest group
die **Initiative, -n** initiative
der **Interessent, -en** interested person

Jugendklubs beliebte Treffpunkte

der **Jugendklub**, -s   youth club
der **Jugendliche**, -n (ein **Jugendlicher**)
   youth
die **Kapazität**, -en   capacity
der **Klub**, -s   club
das **Klubhaus**, ⁻er   club house
der **Kontakt**, -e   contact
der **Kreis**, -e   county
   sich kümmern um   to concern
der **Künstler**, -   artist
die **Literatur**, -en   literature
   mehrmals   several times
die **Mehrzahl**   majority
das **Mitglied**, -er   member
die **Modenschau**, -en   fashion show
   möglichst   possibly
   nah   near
   national   national
   örtlich   local
   populärwissenschaftlich   scientific for popular appeal
das **Programm**, -e   program

das **Publikum**   public
der **Rat**, ⁻e   council
   sowie   as well as
   ständig   constant
   statt-finden, fand, stattgefunden
   to take place
der **Tanzabend**, -e   evening of dancing
die **Tanzgruppe**, -n   dance group
das **Thema, Themen**   topic
der **Treffpunkt**. -e   meeting place
die **Unterstützung**, -en   support, assistance
   vielseitig   versatile
die **Vielseitigkeit**   versatility
der **Vortrag**, ⁻e   lecture, speech
   wesentlich   significant
das **Wetter**   weather
der **Wissenschaftler**, -   scientist
   zahlreich   numerous
der **Zirkel**, -   interest group
der **Zoo**, -s   zoo
   zusammen-arbeiten   to collaborate

14 Der metallene Liebling[1]

Junge Leute diskutieren: Muß man ein Auto haben?

In der Zeitung DIE ZEIT gibt es einen Teil, in dem Jugendliche auf eine aktuelle Frage ihre Antworten geben können.

Wir wohnen in einem Vorort ohne guten Anschluß zur Stadt. Meine gehbehinderten[2] Großeltern können vom Wohnzimmer direkt zur gewünschten Veranstaltung gefahren werden – mit dem Auto. Meinen Eltern bleibt wenig Zeit für Einkäufe und Besuche nach dem Arbeitstag. Sie schaffen[3] es – mit dem Auto. Für mich bedeutet ein Wagen, daß ich spontane Entscheidungen realisieren[4] kann. Wir Jugendlichen sind nicht mehr ans eigene Haus gefesselt[5], denn durch unser Auto sind die Wohnungen unserer Freunde näher gerückt[6].

Jens Mehlhase, 20 Jahre

Die Hauptvorteile des Heims auf Rädern sind seine Unabhängigkeit von Fahrplänen und festen Reisezielen. Das Auto stellt eine Fluchtmöglichkeit[7] für Großstadtmenschen dar. Das sieht man deutlich an der Flut von natur- und frischluftsüchtigen[8] Menschen, die am Wochenende und besonders zu den Ferienzeiten mit dem Auto zur Erholung ausschwärmen[9].

Es gibt keine zeitsparende Alternative zum Auto für kurze und mittellange Ausflüge. Daher wird das ehemalige Privileg namens Automobil mehr und mehr zum alltäglichen Gebrauchsgegenstand, der so selbstverständlich zum Haushalt gehört, wie z.B. ein Kühlschrank.

Jürgen Schwien, 16 Jahre

---

1. metal darling. 2. crippled. 3. can do. 4. execute. 5. chained. 6. moved. 7. possibility of escape. 8. addicted to nature and fresh air. 9. swarm out.

Abgedruckt mit Genehmigung des Zeitverlages Gerd Bucerius KG, erschienen in DIE ZEIT am 18. November 1977.

Das Auto—ein unentbehrliches Familienmitglied

Der deutsche Autobesitzer verwendet mehr Zeit zur Wagenwäsche[10] als zur eigenen Körperpflege[11], er widmet[12] seiner Blechmuse[13] mehr Stunden als der eigenen Ehefrau. Ich bin der Überzeugung, daß Autos notwendige Dienste leisten, wo Bahn und andere Verkehrsmittel nicht mehr hinreichen. Das Auto aber zum unentbehrlichen Familienmitglied hochzustilisieren[14], ist gefährlich, denn Abgase und Schrottbeseitigung[15] richten inzwischen mehr Schaden an, als an Nutzen für die Fahrerei herauskommt.

Beate Zillman, 18 Jahre

Über die Frage, ob man ein Auto haben muß, kann man sich streiten. Wir haben eins, und mein Vater glaubt, er brauche es dringend, um zur Arbeit zu fahren. Aber braucht er es wirklich dringend? Man stelle sich vor, er müßte mit dem Fahrrad fahren, weil wir uns kein Auto leisten könnten. Das Resultat wäre, daß er früher von zu Hause abfahren müßte, und das heißt, er müßte früher aufstehen. Dazu hat er aber überhaupt keine Lust, und genau da liegt der Hund begraben. Wir sind zu bequem geworden. Wer kann heute schon auf sein Auto verzichten. Kaum einer! Nur der lebt gesund, der kein Auto hat und noch nie eins besessen hat.

Frank Kuhna, 15 Jahre

Ich kann wegen eines Augenleidens[16] nicht den Führerschein machen und habe mich auf ein Leben ohne Auto sehr gut eingestellt[17]. Ich komme mit Hilfe von Bus und Bahn und nicht zuletzt meiner Füße immer, wenn auch manchmal etwas unbequemer als ein Autofahrer, an mein Ziel. Außerdem spare ich trotz der Fahrpreise Geld – mangels Strafmandaten für falsches Parken und zu hoher Geschwindigkeit.

Schwierig wird es nur, wenn ich mich um einen Job – meist als Babysitter – bewerbe. Die erste Frage ist stets, ob ich motorisiert[18] sei, und nach Verneinung[19] werde ich höflich abgelehnt, dabei wäre mit etwas Mühe leicht eine Lösung zu finden, zum Beispiel durch eine Übernachtung.

Ich werde mich sicher öfter arrangieren[20] müssen im Laufe meines Lebens, aber ich bin davon überzeugt, daß ich auch ohne Auto nichts Wesentliches versäumen werde.

Ursel Weßling, 18 Jahre

---

10. carwash. 11. personal hygiene. 12. devotes. 13. tin love. 14. elevate. 15. scrapmetal removal. 16. visual ailment. 17. adapted. 18. have wheels. 19. negation. 20. adjust.

Der metallene Liebling

Wenn ein großer Teil der Bevölkerung in der Bundesrepublik aus Gründen des Umweltschutzes, aus Sparmaßnahmen[21] oder aus anderen Motiven von dem Kauf eines Autos absehen[22] würde, die Resultate wären verheerend[23]: Defizite in der Automobilindustrie, die Arbeitslosenzahl würde bedeutend ansteigen, Rezessionen in der Wirtschaft oder im kommerziellen Bereich, Ansteigen der Inflationsrate, noch mehr Arbeitslose. Jeder einzelne müßte leiden, da seine Ansprüche nicht erfüllt werden könnten. Man sollte doch bedenken, daß die Bundesrepublik ein Industrieland ist und daß unsere Wirtschaft und der Wohlstand davon abhängen. Folglich muß jeder seinen Beitrag dazu leisten, denn wir wollen doch alle glücklich leben.

Uwe Uhlendorff, 16 Jahre

Wichtige Redewendungen und Konstruktionen

namens	by the name of
ich bin der Überzeugung	I am of the opinion
mehr Schaden als Nutzen anrichten	to cause more damage than good
er hat keine Lust	he is not in the mood
da liegt der Hund begraben	that is the crux of the matter
noch nie	never before
nichts Wesentliches	nothing essential

Fragen

1. Wozu haben die Eltern von Jens M. wenig Zeit?
2. Was rückt durch das Auto für Jens M. näher?
3. Was stellt für Jürgen Sch. das Auto dar?
4. Das Auto ist für Jürgen Sch. kein Privileg sondern was?
5. Wem widmet der deutsche Autobesitzer nach Beate Z. mehr Zeit als der Ehefrau?
6. Wann richtet das Auto nach Beate Z. mehr Schaden als Nutzen an?
7. Was glaubt der Vater von Frank K.?
8. Wozu hat der Vater von Frank K. keine Lust?
9. Was kann Ursel W. wegen eines Augenleidens nicht machen?
10. Glaubt Ursel W., daß sie ohne Auto etwas Wesentliches versäumen wird?
11. Was wären nach Uwe U. die Resultate, wenn die Bevölkerung der Bundesrepublik keine Autos mehr kaufen würde?
12. Was ist nach Uwe U. die Bundesrepublik, und wovon ist sie abhängig?

---

21. economy measures. 22. abstain. 23. catastrophic.

ÜBUNGEN

A. Verbinden Sie die Sätze mit der entsprechenden deutschen Konjunktion an der angegebenen Stelle:
1. [*if*] Die Leute kaufen keine Autos mehr. Die Arbeitslosenzahl steigt an.
2. Ich habe ein Strafmandat bekommen. [*because*] Ich bin zu schnell gefahren.
3. Er kann jetzt seine Freunde schneller besuchen. [*for*] Er hat ein neues Auto.
4. Wir haben uns darüber gestritten. [*whether*] Brauchen wir wirklich ein Auto?
5. Ich fahre nicht mit dem Auto in die Stadt. [*but, on the contrary*] Ich werde das Fahrrad nehmen.
6. Ich glaube (es). [*that*] Man versäumt nicht viel. [*when*] Man hat kein Auto.
7. Ich weiß (es). [*that*] Zu viele Autos sind ein Problem. [*but*] Ich bin zu bequem geworden.
8. [*when*] Ich habe mich gestern um einen Job als Babysitter beworben. Ich bin abgelehnt worden.
9. [*after*] Sie hatten ihre Großeltern in die Stadt gefahren. Sie machten Einkäufe.
10. Weißt du? [*when*] Bekommen wir unser neues Auto?

B. Fügen Sie die entsprechenden deutschen Wörter ein:
1. Der _____ braucht ein Auto, um in die Stadt gefahren zu werden. (*sick person*)
2. Ist es wirklich notwendig, daß wir _____ Autos kaufen? (*more and more*)
3. _____ über das Problem des Umweltschutzes ist von dir gesagt worden. (*everything essential*)
4. _____ Autos verbrauchen im allgemeinen _____ Benzin. (*bigger/more*)
5. Je _____ die Geschwindigkeit ist, um so _____ ist es beim Autofahren. (*higher/more dangerous*)
6. Manchmal ist es auch nicht _____, zu Fuß zu gehen. (*healthier*)
7. Die Abgase sind vielleicht das _____ Problem. (*most important*)
8. Beate schreibt, daß die _____ _____ Zeit für ihre Autos verwenden _____ für ihre Ehefrauen. (*Germans / more / than*)
9. Ich werde _____ _____ zu ihm sein, wie er es verdient. (*as polite as*)
10. Viele _____ haben sich an die Vorteile eines Heims auf Rädern gewöhnt. (*travelers*)

Der metallene Liebling

C. *Fügen Sie die richtige Form des Modalverbs in der angegebenen Zeit ein:*
   1. _____ du in die Schweiz fahren? (dürfen [past])
   2. Wenn man in Ost-Berlin ist, _____ man das Pergamon-Museum besuchen. (müssen [present])
   3. Wann _____ Sie in diesem Jahr in den Urlaub fahren? (können [present])
   4. Diese Diskussion _____ ich nicht _____. (wollen [pres. perf.])
   5. _____ Sie gern exotische Mahlzeiten? (mögen [present])
   6. Der Tourist _____ 1 000 DM für seinen Flug bezahlen _____. (müssen [pres. perf.])

D. *Bilden Sie Sätze mit den gegebenen Satzelementen:*
   1. (sehr gut Deutsch sprechen) Sie kann ...
   2. (ins Theater gehen) Wir wollen versuchen, heute abend ...
   3. (einmalig sein) Die Stimmung in Wien scheint ...
   4. (entziehen) Auch als Tourist kann man sich ihr nicht ...
   5. (Käse und Wurst essen) Zum Abendessen möchte ich gern ...
   6. (anklingen) Ich höre ein altes Wiener Lied ...

E. *Verbinden Sie die beiden Sätze mit der entsprechenden deutschen Infinitivkonstruktion:*
   1. Er kam aus Wien zurück. [*without*] Er hat Grinzing besucht.
   2. Ich spare schon jetzt. [*in order to*] Ich fahre im nächsten Jahr zur Fotosafari.
   3. Ich nehme lieber den Zug. [*instead of*] Ich fahre mit dem Auto in den Urlaub.
   4. Wir gingen in das beste Restaurant. [*in order to*] Wir aßen Fisch und tranken Wein.
   5. [*without*] Er hat sich erholt. Er kehrte aus dem Urlaub zurück.
   6. [*instead of*] Ich fahre nach Italien. Ich bleibe lieber zu Hause in diesem Jahr.

F. *Übersetzen Sie ins Englische:*
   1. Autos können sehr schnell mehr Schaden als Nutzen anrichten.
   2. Ich bin der Überzeugung, daß die Abgase das größte Problem darstellen.
   3. Viele Leute haben keine Lust, zu Fuß zu gehen.
   4. Zum Problem des Umweltschutzes hatte der Politiker nichts Wesentliches zu sagen.
   5. Ich habe einen Hund namens Maximilian der Erste.

G. *Sagen Sie auf deutsch:*
   1. The number of unemployed persons has never before been so high.

2. Only very few drivers are in the mood to renounce the advantages of a car.
3. When will you buy a new car?
4. It is cheaper to take a bus (in order) to get to work than to drive your own car.
5. She has not been able to get a job.

GESPRÄCHSTHEMEN

1. Brauchen junge Leute ein Auto?
2. Ist das Auto der metallene Liebling der jungen Leute?
3. Gibt es einen Unterschied zwischen deutschen und amerikanischen Jugendlichen in dieser Frage?

KLEINE AUFSATZTHEMEN

1. Was spricht heutzutage für ein Auto?
2. Was spricht heutzutage gegen ein Auto?

VOKABULAR

ab·fahren, fährt, fuhr, ist abgefahren   to leave
das Abgas, -e   exhaust fume
ab·hängen, hing, abgehangen   to depend
ab·lehnen   to refuse, reject
alltäglich   everyday, trivial
die Alternative, -n   alternative
an·richten   to cause
der Anschluß, ⸚sse   connection
der Anspruch, ⸚e   claim, demand
die Arbeitslosenzahl, -en   number of unemployed
der Arbeitstag, -e   working day
der Ausflug, ⸚e   trip, excursion
der Autobesitzer, -   car owner
das Automobil, -e   automobile
die Automobilindustrie   auto industry
der Babysitter, -   babysitter
die Bahn, -en   railroad
begraben, begräbt, begrub, begraben   to bury
der Beitrag, ⸚e   contribution
der Bereich, -e   realm
das Defizit, -e   deficit
deutlich   clear
der Dienst, -e   service
diskutieren   to discuss

die Ehefrau, -en   wife
der Einkauf, ⸚e   purchase
die Eltern (pl.)   parents
die Entscheidung, -en   decision
die Erholung, -en   recuperation
die Fahrerei   driving
der Fahrplan, ⸚e   schedule, time table
der Fahrpreis, -e   fare
das Fahrrad, ⸚er   bicycle
das Familienmitglied, -er   member of the family
die Ferienzeit, -en   vacation time
die Flut, -en   flood
folglich   consequently
der Führerschein, -e   driver's license
der Gebrauchsgegenstand, ⸚e   commodity
die Geschwindigkeit, -en   speed
gesund   healthy
die Großeltern (pl.)   grand parents
der Großstadtmensch, -en   city dweller
der Hauptvorteil, -e   main advantage
das Heim, -e   home
heraus·kommen, kam, ist herausgekommen   to result
die Hilfe, -n   help, aid
hin·reichen   to suffice
höflich   polite

Der metallene Liebling

der **Hund, -e** dog
die **Inflationsrate, -n** rate of inflation
der **Job, -s** job
   kommerziell commercial
   leiden, litt, gelitten to suffer
   leisten to render
   sich leisten to afford
die **Lust** pleasure
   mangels for lack of, in the absence of
   mittellang longer, of medium length
das **Motiv, -e** motive, reason
die **Mühe, -n** effort
   namens by the name of
   nie never
   noch yet
der **Nutzen, -** profit
   parken to park
das **Privileg, -ien** privilege
das **Rad, ̈-er** wheel
das **Reiseziel, -e** destination
die **Rezession, -en** recession
der **Schaden, ̈-** damage
   spontan spontaneous
   stets always

das **Strafmandat, -e** (traffic) ticket
   sich streiten, stritt, gestritten to argue
die **Stunde, -n** hour
die **Übernachtung, -en** overnight stay
   überzeugt convinced
die **Überzeugung, -en** conviction
der **Umweltschutz** environmental protection
   unbequem uncomfortable
   unentbehrlich indispensable
der **Vater, ̈-** father
das **Verkehrsmittel, -** mode of transportation
   versäumen to miss
   verzichten to renounce
der **Vorort, -e** suburb
der **Wagen, -** car
das **Wochenende, -n** week-end
der **Wohlstand** prosperity
die **Wohnung, -en** residence
das **Wohnzimmer, -** living room
   zeitsparend time saving
   zuletzt at last

15 Kunde wird zum Stehlen verführt

Die Schweiz hat anscheinend ein ähnliches Problem mit Ladendiebstählen wie die USA.

Nach Schätzungen[1] des Einzelhandels stehlen Kunden jährlich Waren für rund 250 Millionen Franken aus den Regalen[2]. Die Zunahme der Ladendiebstähle kann nach Ansicht des Schweizerischen Konsumentenbundes[3] (SKB) nicht einer stets schlechter werdenden Moral der Konsumenten zugeschrieben werden, sondern viel eher, wenigstens zum Teil, „den ständig verfeinerten Verführungsmethoden[4] der Verkäufer".

Wie der SKB in seinem Pressedienst[5] schreibt, investiert der Einzelhandel mehr Geld in die Wissenschaft, Waren so zu präsentieren, daß der Kunde ihnen nicht widerstehen kann -- auch wenn er die Ware nicht braucht oder kein Geld dafür hat —, als in die Abwehr von[6] Diebstählen. Am Ende sei der ehrliche Kunde der Geschädigte[7], da der Wert der gestohlenen Ware auf die Preise geschlagen[8] werde.

Mit tiefenpsychologischen Untersuchungen wird nach Ansicht des SKB intensiv nach den wirksamsten Verkaufsanreizen[9] geforscht. Die Waren würden nicht gemäß den Bedürfnissen der Konsumenten, sondern so angeordnet, daß deren Verkaufsanreiz am größten sei. Das Geschäft werde nicht so eingerichtet, daß der Konsument seine Einkäufe so bequem und so schnell wie möglich erledigen könne, sondern so, daß der potentielle Kunde möglichst lange im Laden bleiben müsse und möglichst gezwungen sei, das ganze Sortiment[10] mehrmals zu besichtigen, wenn er beispielsweise einen Laib[11] Brot kaufen wolle.

---

1. estimates. 2. shelves. 3. consumer agency. 4. seductive methods. 5. public information service. 6. defense against. 7. injured party. 8. added. 9. sales enticements. 10. assortment. 11. loaf.

Abgedruckt mit Genehmigung der Redaktion des TAGES-ANZEIGER, Fernausgabe, erschienen am 18. April 1978.

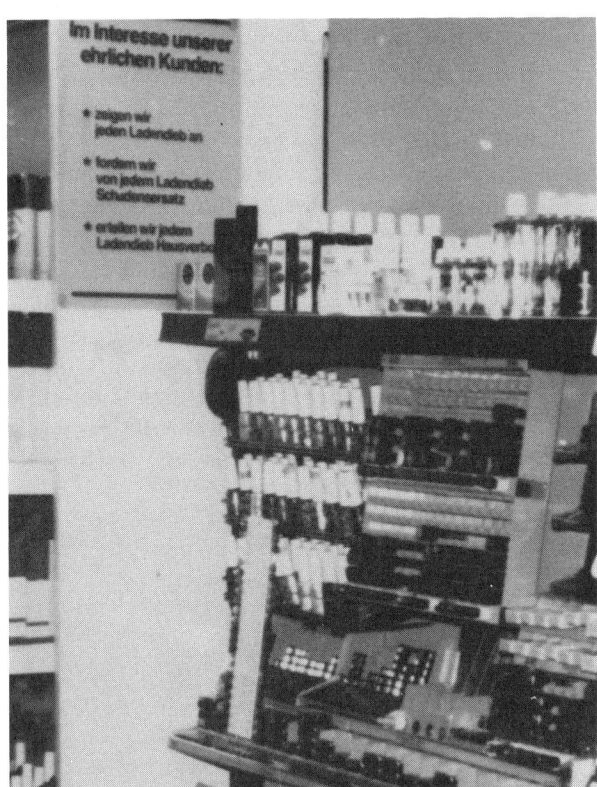

"... Waren so zu präsentieren, daß der Kunde ihnen nicht widerstehen kann."

Die durchschnittliche Verweildauer[12] der Konsumenten im Laden werde zur Erfolgsziffer[13], klagt der Konsumentenbund. Die Zahl der ungeplant getätigten Impulskäufe[14] werde zur Überlebensfrage[15] für den Einzelhandel. Man brauche sich nicht zu wundern, wenn bei dieser Entwicklung nicht nur die Umsätze, sondern auch die Entwendungen[16] zunähmen.

In der ganzen Diskussion über die Ladendiebstähle wird nach Ansicht des SKB leider vergessen, daß der ehrliche Konsument gleich doppelt geschädigt werde: einerseits durch die Diebstähle, für die er indirekt zu zahlen habe, andererseits durch die ungeplanten Käufe, die er tätige, wenn er den Lockungen der verführerisch angebotenen Waren erliege. Während der Schaden der Diebstähle für die Volkswirtschaft ungefähr abgeschätzt werden könne, seien die Verluste durch die Impulskäufe nur zu ahnen[17].

Wichtige Redewendungen und Konstruktionen

nach Ansicht	in the opinion of
gemäß den Bedürfnissen	according to the needs
man brauche sich nicht zu wundern	one shouldn't be surprised

Fragen

1. Kann die Zunahme der Ladendiebstähle in der Schweiz einer schlechter werdenden Moral der Konsumenten zugeschrieben werden?
2. Wie versucht der Verkäufer die Kunden zu verführen?
3. Wie groß sind die Verluste des Einzelhandels durch Ladendiebstähle?
4. Wofür gibt der Einzelhandel mehr Geld aus als für die Abwehr von Diebstählen?
5. Warum ist am Ende der ehrliche Kunde der Geschädigte?
6. Wie forscht man nach Ansicht des SKB nach den wirksamsten Verkaufsreizen?
7. Wie werden die Waren in den Geschäften angordnet?
8. Warum soll der Kunde gezwungen werden, so lange wie möglich im Laden zu bleiben?
9. Was wird bei der ganzen Diskussion über Ladendiebstähle vergessen?
10. Kann man den Verlust durch Impulskäufe genau abschätzen?

---

12. length of stay. 13. success figure. 14. impulse purchases. 15. question of survival. 16. thefts. 17. guess.

Kunde wird zum Stehlen verführt

ÜBUNGEN

A. *Bilden Sie die indirekte Rede:*

Der SKB schreibt in seinem Pressedienst:
1. „Kunden stehlen jährlich Waren für rund 250 Millionen Franken."
2. „Die Zunahme der Ladendiebstähle kann nicht einer immer schlechter werdenden Moral zugeschrieben werden."
3. „Sie muß eher auf die Verführungsmethoden der Verkäufer zurückgeführt werden."
4. „Der Einzelhandel investiert viel Geld in die Wissenschaft, die Waren so zu präsentieren, daß der Kunde ihnen nicht widerstehen kann."
5. „Er gibt weniger Geld für die Abwehr von Diebstählen aus."
6. „Mit tiefenpsychologischen Untersuchungen wird nach den wirksamsten Verkaufsanreizen geforscht."
7. „Der Einzelhandel vergißt, daß der ehrliche Konsument doppelt geschädigt wird?"
8. „Er muß indirekt für die gestohlenen Waren bezahlen."
9. „Er gibt mehr Geld für ungeplante Einkäufe aus."
10. „Zu viele Kunden erliegen den Lockungen der verführerisch angebotenen Waren."

B. *Bilden Sie die direkte Rede:*

1. Der SKB wies daraufhin, daß der ehrliche Kunde am Ende der Geschädigte sei.
2. Er ging davon aus, daß die Waren nicht gemäß den Bedürfnissen der Konsumenten angeordnet würden.
3. Er meinte, daß das Geschäft nicht so eingerichtet werde, daß der Konsument seine Einkäufe so bequem und schnell wie möglich erledigen könne.
4. Er klagte, daß der Konsument gezwungen sei, das ganze Sortiment mehrmals zu besichtigen.
5. Er wies weiter auf das Resultat hin, daß die Verweildauer des Konsumenten zur Erfolgsziffer geworden sei.
6. Er gab zu denken, daß deswegen die Entwendungen mit den Umsätzen zunähmen.
7. Er fragte, ob der ehrliche Konsument vom Einzelhandel vergessen werde.
8. Der SKB schreibt weiter, daß der ehrliche Konsument doppelt geschädigt worden sei.
9. Er erzählt, daß viele Leute ungeplante Einkäufe getätigt hätten.
10. Er sagt, daß jeder für die Diebstähle indirekt zu zahlen habe.

C. *Verbinden Sie die beiden Sätze mit einem Relativpronomen:*
1. Ich kenne das Geschäft nicht. Du sprichst von dem Geschäft.
2. Ich habe schon viele ungeplante Einkäufe gemacht. Ich wollte sie nicht machen.
3. Der Konsument muß das ganze Sortiment mehrmals besichtigen. Er will nur einen Laib Brot kaufen.
4. Ich mag Geschäfte nicht. In den Geschäften muß ich lange bleiben.
5. Der ehrliche Kunde ist der Geschädigte. Er muß für die gestohlenen Waren bezahlen.
6. Der SKB schrieb einen Artikel über Ladendiebstähle. Nach seinen Schätzungen werden jährlich Waren für 250 Millionen Franken gestohlen.

D. *Benutzen Sie ein* **da-** *oder* **wo-***Compound:*
1. Nach den wirksamsten Verkaufsanreizen wird mit tiefenpsychologischen Untersuchungen geforscht.
 _____ wird mit tiefenpsychologischen Untersuchungen geforscht.
2. Der SKB wies auf das Resultat hin.
 _____ wies der SKB hin?
3. Auch der ehrliche Kunde muß für die gestohlenen Waren bezahlen. Auch der ehrliche Kunde muß _____ bezahlen.
4. Außerdem wird er durch die ungeplanten Einkäufe geschädigt.
 _____ wird er außerdem geschädigt?
5. Der Wert der gestohlenen Waren wird auf die Preise geschlagen. Der Wert der gestohlenen Waren wird _____ geschlagen.

E. *Bilden Sie das Erste oder Zweite Futur:*
1. Im nächsten Jahr besuche ich wahrscheinlich Wien. (Erstes Futur)
2. Dann lerne ich endlich die Hauptstadt Österreichs kennen. (Erstes Futur)
3. Die Donaustadt hat mir sicher sehr viel zu bieten. (Erstes Futur)
4. Der einmaligen Stimmung Wiens kann ich mich wohl nicht entziehen. (Erstes Futur)
5. Nachdem ich im Kaffeehaus einen Kaffee getrunken habe, fahre ich nach Grinzing. (Zweites Futur/Erstes Futur)
6. Die Donau ist wohl nicht mehr so blau wie bei Johann Strauß. (Erstes Futur)
7. Wien ist immer ein kultureller Mittelpunkt. (Erstes Futur)
8. Sicher gehe ich ins Theater. (Erstes Futur)
9. Aber nachdem ich im Museum gewesen bin, trinke ich bestimmt einen Heurigen. (Zweites Futur/Erstes Futur)
10. Dann bleibt vielleicht auch für mich die Zeit stehen. (Erstes Futur)

Kunde wird zum Stehlen verführt

F. *Übersetzen Sie ins Englische:*

1. Man braucht sich nicht zu wundern, daß die Ladendiebstähle zunehmen.
2. Wovon wird der Artikel im Pressedienst handeln?
3. Es ist damit zu rechnen, daß die Verluste noch größer werden.
4. Die genannten Punkte hält der SKB für besonders wichtig.
5. Man kann davon ausgehen, daß der Einzelhandel den ehrlichen Kunden nicht vergessen will.

G. *Sagen Sie auf deutsch:*

1. The new store will be designed according to the needs of the consumers.
2. In the opinion of scientists, the sales can be increased.
3. Many people do not believe in it.
4. Most customers cannot resist the enticements.
5. The customer is forced to stay as long as possible.
6. It is nearly impossible to leave a store without buying something.

GESPRÄCHSTHEMEN

1. Wird in Amerika der Kunde auch zum Stehlen verführt? Warum?
2. Glauben Sie, daß Ladendiebstähle und die Moral des Kunden in Verbindung stehen?

KLEINE AUFSATZTHEMEN

1. Was erwarten Sie vom Einzelhandel im Interesse des Kunden?
2. Was kann der Einzelhandel von seinen Kunden erwarten?

VOKABULAR

ab·schätzen to estimate
die **Abwehr** defense
an·ordnen to arrange, design
die **Ansicht, -en** opinion
das **Bedürfnis, -se** need
beispielsweise for example
besichtigen to view, survey
das **Brot, -e** bread
der **Diebstahl, ¨-e** theft
doppelt twice
durchschnittlich average, mean (adj.)
eher rather
ehrlich honest
der **Einzelhandel** retail trade

erledigen to finish, bring to a close
erliegen, erlag, ist erlegen to succumb
forschen to research
indirekt indirect
intensiv intensive
investieren to invest
jährlich annually
klagen to complain
der **Konsument, -en** consumer
der **Laden, ¨** store
der **Ladendiebstahl, ¨** shoplifting
die **Lockung, -en** temptation
potentiell potential
präsentieren to present, show

schädigen   to harm
schreiben, schrieb, geschrieben   to write
schweizerisch   Swiss (adj.)
stehlen, stiehlt, stahl, gestohlen   to steal
tätigen   to undertake
tiefenpsychologisch   psychoanalytical
der Umsatz, ⁻e   sales
ungeplant   unplanned
verfeinern   to refine
verführen   to entice
verführerisch   enticing
der Verkäufer, -   seller

der Verlust, -e   loss
die Volkswirtschaft   (national) economy
der Wert, -e   value
widerstehen, widerstand, widerstanden   to resist
wirksam   effective
die Wissenschaft, -en   science
sich wundern   to be surprised, be astonished
die Zunahme, -n   increase
zu-schreiben, schrieb, zugeschrieben   to attribute
zwingen, zwang, gezwungen   to compel

16 Naturschutz: Kampf dem Wald-Raubbau![1]

Naturschutz wird offensichtlich immer wichtiger. Viele der Probleme können jedoch nicht von einem Land allein, sondern nur weltweit gelöst werden. Dafür gibt der folgende Artikel ein Beispiel.

Jedes Jahr werden elf Millionen Hektar[a] tropischer Regenwald vernichtet — eine Fläche, die nahezu halb so groß ist wie die Bundesrepublik Deutschland. Diese erschreckende Größenordnung[2] hat den World Wildlife Fund (WWF)[b] und den Internationalen Naturschutzbund zu großangelegten Aktionen zur Rettung des Waldes veranlaßt.

Zu Beginn des Jahrhunderts waren in Afrika, Asien und Amerika noch 16 Millionen Quadratkilometer von tropischen Regenwäldern bedeckt — damals und heute ein unschätzbarer Reichtum für die Bewohner. Schreitet der Raubbau jedoch in den heutigen Auswüchsen[3] fort, wird in absehbarer Zeit die Quelle des Reichtums versiegen. In einer Studie der Vereinten Nationen wird z.B. nachgewiesen, daß pro Minute weltweit 21 Hektar Urwald abgeholzt werden. Angesichts dieser Zahlen ist zu befürchten, daß der tropische Regenwald, der sechs Prozent des Sauerstoffs für die ganze Erde liefert und das Klima reguliert, eines Tages völlig verschwinden wird. Manche Sachverständige sprechen bereits von einem Zeitraum von 50 Jahren, während andere Wissenschaftler in den nächsten 120

---

1. war on destructive lumbering.   2. dimension, scale.   3. excesses.

Abgedruckt mit Genehmigung der Redaktion DIE WELT, erschienen am 9. Oktober 1982.

Pro Minute werden weltweit 21 Hektar Urwald abgeholzt.

Naturschutz: Kampf dem Wald-Raubbau!

Jahren eine Verringerung des tropischen Regenwaldes um die Hälfte erwarten. Als konkretes Beispiel nennen die Umweltschützer die Elfenbeinküste[4], deren Wald vor einem Vierteljahrhundert noch 12 Millionen Hektar bedeckte. Heute rücken Holzfäller[5] mit ihren Motorsägen[6] gegen die letzten Stämme vor.

Die tropischen Regenwälder, deren Bäume bis zu 70 Meter hoch werden, stellen für die ganze Menschheit aber auch ein unschätzbares genetisches[7] Kapital dar, denn die Hälfte der 10 Millionen Tier- und Pflanzenarten leben ausschließlich im Urwald. Außerdem liefern die Wälder neben Holz, Naturgummi[8], Farbstoffen[9], Wachsen[10], Wild und Obst auch Öle und Grundstoffe für die Pharma-Industrie[11]. Die tropischen Hölzer, wie z.B. Teak[12], werden allmählich rar. Das meiste Holz wird zum Heizen verwandt. Inzwischen ist die Lage bereits so ernst, daß 100 Millionen Menschen in den Ländern des tropischen Regenwaldes nicht mehr genug Brennstoff haben. Ende dieses Jahrhunderts werden es bei anhaltendem Vernichtungstempo[13] 2,3 Milliarden sein.

Aber auch die Gewinnung von Weide- und Ackerland ist ein Grund für die Abholzung[14]. Da die so gewonnenen Böden jedoch nach spätestens drei Jahren unfruchtbar werden, muß schon wenig später eine neue Parzelle[15] abgeholzt werden. WWF und Internationaler Naturschutzbund entwarfen eine Langzeitstrategie[16], die in der rationellen Ausbeutung[17] der tropischen Regenwälder und einer planmäßigen Aufforstung die wichtigsten Ziele sieht. Mehrere Länder haben bereits mit Aufforstungsprogrammen begonnen. Beispielhaft ist Bali in Indonesien, weltgrößter Holzexporteur. Dort ist ein Aufforstungsprogramm für die nächsten 20 Jahre geplant, das pro Jahr eine Milliarde Dollar kosten wird.

Bemerkungen

a. **Hektar:** metric unit equal to 2.471 acres.
b. The World Wildlife Fund was founded in 1961 in Zürich, Switzerland. It emphasizes the preservation of endangered and threatened species of wildlife, plants and habitats anywhere in the world. It also seeks to protect biological resources upon which human well-being depends. National Society of WWF: 1601 Connecticut Ave., N.W., Washington, DC 20009.

---

4. Ivory Coast. 5. lumberjacks. 6. power saws. 7. genetic. 8. natural rubber.
9. dyes. 10. waxes. 11. pharmaceutical industry. 12. teak. 13. speed of destruction. 14. deforestation. 15. lot. 16. long term strategy.
17. exploitation.

Wichtige Redewendungen und Konstruktionen

jedes Jahr	*every year*
damals und heute	*now and then*
angesichts (+ gen.)	*in view of, considering*
beispielhaft	*exemplary*
pro Minute/Jahr	*per minute/year*

Fragen

1. Wofür arbeiten der World Wildlife Fund und der Internationale Naturschutzbund?
2. Welche Gefahr für den Wald wird in diesem Artikel beschrieben?
3. Wie wollen die beiden Organisationen den tropischen Regenwald retten?
4. Wie groß ist die Fläche des tropischen Regenwalds, die jährlich vernichtet wird?
5. Wieviel tropischen Regenwald gab es zu Beginn dieses Jahrhunderts?
6. Was zeigt eine Studie der Vereinten Nationen?
7. Warum ist der tropische Regenwald für die ganze Erde wichtig?
8. Was sagen die Wissenschaftler über die Zukunft des tropischen Regenwalds?
9. Was wird über den Wald an der Elfenbeinküste gesagt?
10. Warum stellen die tropischen Regenwälder ein "unschätzbares genetisches Kapital" dar?
11. Wofür wird das meiste Holz der tropischen Regenwälder gebraucht?
12. Warum erscheint es sinnlos, aus tropischen Regenwäldern Ackerland zu machen?
13. Wo gibt es ein Beispiel für die Rettung der tropischen Regenwälder?
14. Kannten Sie die Gefahren für den tropischen Regenwald, bevor Sie diesen Artikel gelesen haben?
15. Interessieren Sie sich für Umweltschutz?
16. Was tun Sie persönlich, um die Natur zu schützen?
17. Würden Sie Mitglied einer Organisation für Naturschutz werden? Oder sind Sie bereits ein Mitglied? In welcher Organisation?

Naturschutz: Kampf dem Wald-Raubbau!

ÜBUNGEN

A. *Bilden Sie Sätze mit den Satzelementen in den angegebenen Zeiten:*

1. müssen [present] / man / weiter / Verringerung / tropisch / Regenwald [pl.] / befürchten
2. entwerfen [past] / beide / Organisation / Programm// um...zu / Problem/lösen
3. versuchen [future] / Umweltschützer [pl.] / retten
4. dürfen [present] / Verringerung / tropisch / Urwald / weiter / fortschreiten / nicht
5. scheinen [past] / Lösung / Problem / nur / weltweit / möglich / sein
6. können [past] / Sachverständige / Verringerung / Regenwald / nachweisen
7. scheinen [present] / viele / Tier- und Pflanzenart / mit / Baum [pl.] / verschwinden
8. dürfen [present] / man / Wald / verringern / nicht// ohne...zu / gleichzeitig / Aufforstung / planen
9. scheinen [present] / immer mehr / Wald [pl.] / vernichten [passive]
10. sollen [present] / man / Baum [pl.] / abholzen / nicht// um...zu / Ackerland / gewinnen

B. *Fügen Sie die richtige Form des Relativpronomens ein:*

1. Die Aktion, von _____ man sprach, war beispielhaft.
2. Schon die Verringerung des Waldes, _____ nachgewiesen werden konnte, ist erschreckend.
3. Der Wald, _____ wir heute vernichten, ist für lange Zeit verloren.
4. Die Umweltschützer, _____ für die Rettung der Natur arbeiten, befürchten weitere Probleme.
5. Umweltschutz, _____ erfolgreich sein soll, muß geplant werden.

C. *Benutzen Sie ein* **da-** *oder* **wo-***compound:*

1. Neben Holz liefert der Wald auch Obst und Wild.
   _____ liefert der Wald auch Obst und Wild.
2. Man hat bereits mit Aufforstungsprogrammen begonnen.
   _____ hat man bereits begonnen?
3. An diesem Programm muß weltweit gearbeitet werden.
   _____ muß weltweit gearbeitet werden?

4. Manche Sachverständige sprechen von einer erschreckenden Krise.
   _____ sprechen manche Sachverständige?
5. Man muß etwas gegen die Vernichtung der Wälder tun.
   _____ muß man etwas tun?

D. *Bilden Sie das Passiv:*

1. Der Ober brachte den Kaffee und ein Glas Wasser.
2. Man verallgemeinert das Problem der Arbeitslosigkeit zu oft.
3. Der Autofahrer hat das Benzin eigenhändig in den Tank gefüllt.
4. Die Türken haben Wien zweimal belagert.
5. Wenige Frauen suchen eine Teilzeitbeschäftigung.
6. Die barocke Architektur verdrängte die mittelalterlichen Züge der Stadt.
7. Napoleon besetzte die Stadt 1805 und 1806.
8. Man spielte ein altes Wiener Lied auf der Zither.
9. Dieses Problem wird man nicht so einfach lösen können.

E. *Übersetzen Sie ins Englische:*

1. Die Lösung des Problems wird jedes Jahr schwieriger.
2. Am Anfang des 19. Jahrhunderts fand der Wiener Kongreß in Wien statt — damals und heute ein Treffpunkt für alle Europäer.
3. Angesichts dieser Zahlen muß Schlimmes befürchtet werden.
4. Es gibt einige beispielhafte Lösungen für dieses Problem.
5. Der tropische Regenwald verringert sich pro Minute um 21 Hektar.

F. *Sagen Sie auf deutsch:*

1. The door was being closed.
2. I was told that this program was very successful.
3. The problems of environmental protection cannot be solved easily.
4. The experts to whom I talked did not know a solution.
5. German is spoken in four countries.

GESPRÄCHSTHEMEN

1. Welchen Nutzen hat der tropische Regenwald für die Menschen?
2. Hat Sie der Artikel von den Gefahren des Wald-Raubbaus überzeugt? Warum oder warum nicht?
3. Kennen Sie andere Gefahren für die Wälder der Erde?

Naturschutz: Kampf dem Wald-Raubbau!

KLEINE AUFSATZTHEMEN

1. Die Entwicklung der tropischen Regenwälder in den nächsten hundert Jahren.
2. Beschreiben Sie Ihren Beitrag zum Schutz der Umwelt und zur Lösung von Umweltproblemen.
3. Die wichtigsten Umweltprobleme.

VOKABULAR

ab•holzen   to deforest, cut down
absehbar   foreseeable
das Ackerland   arable land
(das) Afrika   Africa
die Aktion, -en   campaign, drive
allmählich   gradually
(das) Amerika   America
angesichts (+ gen.)   in view of
anhaltend   continuous, sustained
(das) Asien   Asia
die Aufforstung   reforestation
ausschließlich   exclusive
der Baum, ⸚e   tree
bedecken   to cover
befürchten   to fear; suspect
der Beginn   beginning
beispielhaft   exemplary
bereits   already
der Bewohner, -   inhabitant
der Boden, ⸚   land, soil
der Brennstoff, -e   fuel, here: fire wood
entwerfen, entwirft, entwarf,
   entworfen   to develop
die Erde   globe
ernst   serious
erschreckend   frightening
die Fläche, -n   area
fort•schreiten, schritt, ist
   fortgeschritten   to advance, progress
die Gewinnung   gaining, extraction, reclamation
großangelegt   large-scale
der Grundstoff, -e   raw material
die Hälfte, -n   half
um die Hälfte   by half
der Hektar, -e   hectar
das Holz, ⸚er   lumber, wood
der Holzexporteur, -e   lumber exporter
das Kapital   capital
das Klima   climate
konkret   concrete
liefern   to furnish, deliver
die Menschheit   humanity
die Milliarde, -n   billion

nach•weisen, wies,
   nachgewiesen   to show, prove
nahezu   nearly
der Naturschutz   preservation of nature
der Naturschutzbund   organisation for the preservation of nature
offensichtlich   obviously
die Pflanzenart, -en   species, variety of plant
planmäßig   systematic, planned
rar   rare
rationell   economical, efficient
der Regenwald, ⸚er   rain forest
regulieren   to regulate
der Reichtum, ⸚er   wealth, here: resource
retten   to save
die Rettung   salvation
der Sachverständige, -n (ein Sachverständiger)   expert, specialist
der Sauerstoff   oxygen
der Stamm, ⸚e   stem, trunk, here: tree
die Studie, -n   study
die Tierart, -en   species, variety of animal
tropisch   tropical
der Umweltschützer, -   environmentalist
unfruchtbar   barren
unschätzbar   inestimable, invaluable
der Urwald, ⸚er   virgin forest
veranlassen   to cause, to prompt
die Vereinten Nationen   United Nations
vernichten   to destroy
die Vernichtung   destruction
(sich) verringern   to diminish, decrease
die Verringerung   decrease, reduction
versiegen, ist versiegt   to dry up, be exhausted
verschwinden, verschwand, ist verschwunden   to disappear
verwand (pp. of verwenden   to use)

das	**Vierteljahrhundert, -e** quarter of a century		das	**Weideland** pasture (land)
	völlig complete, entire			**weltweit** worldwide
	vor·rücken to advance			**weltgrößt-** the world's largest
der	**Wald, ⸚er** forest		das	**Wild** game, deer; venison
			der	**Zeitraum** period

17 Anschmieden[1] — oder sterben lassen?

Unter der Überschrift „Menschlich gesehen"
beschreibt der österreichische Journalist
Sebastian Leitner in der Wiener Zeitung KURIER
eine persönliche Begegnung mit einer
Heroinsüchtigen und ihren Problemen.

Vor fast zwei Monaten berichtete ich, wie mir durch Zufall ein 18
jähriges Mädchen begegnete, beinah noch ein Kind, und doch schon
heroinsüchtig.

Sie heißt anders — ich nenne sie nur aus Rücksicht auf ihre Familie
Elisabeth. Sie ist schwanger von dem Mann, der sie zum Gift verführt
hat und als Dealer vorbestraft ist.

Doch ab und zu besucht sie ihre Eltern in St. Pölten[a]. Sie läßt sich
füttern, sich Lebensmittel und etwas Taschengeld mitgeben — und
geht dann wieder weg von ihnen, zu ihm, dem sie verfallen ist.

Wenn ich der Vater wäre — schrieb ich —, ich schmiedete sie an in
ihrem Zimmer, und wenn ich dafür ins Gefängnis müßte...

Und jetzt erreichte mich von Elisabeths Mutter ein Brief. Er ist so
liebevoll rührend, verzweifelt und erschütternd, daß ich die
wichtigsten Sätze wörtlich daraus wiederhole:

„Lieber Herr Leitner — ‚lieber' deshalb, weil Sie meinem Kind
Ihren Schutz angedeihen[2] ließen, weil Sie sich Gedanken machen,
weil Sie versuchen, zu verstehen."

---

1. chain up. 2. offered

Abgedruckt mit Genehmigung der Redaktion der Wiener Tageszeitung KURIER
erschienen am 3. Oktober 1982.

Und weiter: „Wir sind froh, wenn Elisabeth heimkommt. Wenn sie zu Hause ist, geschieht ihr kein Harm[3]. Wir können für kurze Zeit die quälenden Gedanken fortschieben, wo sie ist und was sie tut..."

Dann aber: „Sie kann mit uns nicht leben, weil das Gift noch wirksam ist. Weil sie in manchen Momenten spürt, daß sie uns wehtut, was sie eigentlich nicht will — sie bringt das in ihren Gedichten zu Ausdruck —, und weil der Sog[4] zur anderen Seite zu groß ist. Deshalb muß sie uns alsbald das Leben zur Qual[5] machen, um selbst leichter wegzukommen, ein schrecklicher Teufelskreis."

Dann suchen sie Vater und Mutter in der Großstadt: „Haben Sie je ältere Menschen beobachtet, die mit bangen[6] Blicken durch berüchtigte[7] Straßen irren, die in einschlägigen[8] Lokalen herumsitzen, wohin sie überhaupt nicht passen, die dort angerempelt[9] und vertrieben werden?

Es sind Eltern, die ihre Kinder von weitem sehen, ihnen Gelegenheit geben möchten, zu ihnen zu treten und ein paar Worte zu sprechen.

Zurückkommen, heim mit den Eltern? ‚Ich bleibe, wo ich bin, aber auf einen Kaffee gehe ich gern mit!' — sagt dann das Kind."

Und schließlich, gleichfalls wörtlich aus dem Brief: „Was hätte eine Elisabeth davon, wenn der Vater sie ankettet[10] ? Sie würde die Ketten sprengen[11] und dann nicht mehr heimkommen — und nie wieder könnten wir die Tür öffnen und sagen: „Grüß dich Gott[b], schön, daß du da bist!' — Mit einer Kette würden wir das Kind ganz verlieren, ihm nie mehr helfen können. Es ist das übergroße Verlangen nach Freiheit, daß diese jungen Menschen ins Unglück treibt..."

Der Brief hat mich nachdenklich, traurig gestimmt[12] wie kaum ein anderer zuvor.

Doch ist darin die Freiheit beschworen[13] worden — welche denn? Die Freiheit, wie ein freier Mensch zu leben?

Es mag Ärzte, sogar Experten geben, die solche Freiheit (unter anderem) als Rezept gegen die Sucht verschreiben. Ich fürchte, sie verordnen, wenn sie zu voreilig sind, dem Süchtigen damit den frühen Tod.

Bemerkungen

    a. St. Pölten is a town in the state of Lower Austria, approximately 40 miles west of Vienna.

---

3. harm. 4. pull. 5. agony, ordeal. 6. anxious. 7. notorious. 8. certain.
9. pushed aside. 10. chain up. 11. break. 12. made. 13. evoked.

b. **Grüß (dich) Gott:** a salutation typical of Austria and Southern Germany.

Wichtige Redewendungen und Konstruktionen

durch Zufall	*by coincidence*
ab und zu	*now and then*
sich (über etwas) Gedanken machen	*to worry (about something)*
zum Ausdruck bringen	*to express*
überhaupt nicht	*not at all*
von weitem	*from a distance*

Fragen

1. Was wird in diesem Artikel über Elisabeth berichtet?
2. Warum besucht Elisabeth manchmal ihre Eltern?
3. Warum schreibt Herr Leitner zum zweiten Mal über Elisabeth?
4. Wie alt ist Elisabeth?
5. Kennen wir den richtigen Namen des Mädchens? Warum nicht?
6. Was wissen wir über den Mann, mit dem Elisabeth zusammenlebt?
7. Was würde Herr Leitner tun, wenn er Elisabeths Vater wäre?
8. Warum hat Elisabeths Mutter Herrn Leitner einen Brief geschrieben?
9. Warum sind Elisabeths Eltern froh, wenn sie manchmal heimkommt?
10. Woher weiß Elisabeths Mutter, daß Elisabeth ihr eigentlich nicht wehtun will?
11. Warum macht Elisabeth ihren Eltern das Leben zur Qual?
12. Wo suchen manche Eltern ihre Kinder?
13. Warum suchen diese Eltern ihre Kinder?
14. Warum meint Elisabeths Mutter, daß es nicht gut wäre, wenn Elisabeth nicht ihre „Freiheit" hätte?
15. Was befürchtet Herr Leitner für Kinder, die diese „Freiheit" haben?

ÜBUNGEN

A. *Fügen Sie die richtige Form des Relativpronomens ein:*

1. Das Mädchen, _____ mir begegnet ist, war beinah noch ein Kind.
2. Manche Eltern, _____ sich Gedanken über ihre Kinder machen, suchen sie in einschlägigen Lokalen.

3. Der Mann, mit _____ Elisabeth zusammenlebt, ist als Dealer vorbestraft.
4. Der Brief, _____ ich gestern bekam, hat mir wehgetan.
5. Das Mädchen, _____ Eltern ich gut kenne, ist heroinsüchtig.
6. Während der Zeit, in _____ Elisabeth zu Hause ist, kann ihr nichts geschehen.
7. Experten, _____ ein solches Rezept verschreiben, sind vielleicht etwas voreilig.
8. Der Brief, auf _____ sie lange gewartet hat, ist gestern angekommen.
9. Kinder, mit _____ die Eltern nicht mehr sprechen können, sind für sie ganz verloren.
10. Die Freiheit, _____ ich meine, ist eine ganz andere.

B. *Bilden Sie das Passiv:*

1. Der Journalist nennt in diesem Artikel nicht den richtigen Namen Elisabeths.
2. Elisabeths Mutter hat den Brief geschrieben.
3. Elisabeth besucht manchmal die Eltern.
4. Du sollst diese Sätze wiederholen.
5. Man spricht und schreibt viel über die Probleme der Heroinsüchtigen.
6. Nur für kurze Zeit konnte man die quälenden Gedanken fortschieben.
7. Ein Arzt hat dieses Rezept verschrieben.
8. Das Mädchen, das Herr Leitner beschreibt, ist fast noch ein Kind.
9. Man muß manchen Heroinsüchtigen helfen.

C. *Bilden Sie den irrealen Konjunktiv; benutzen Sie, wenn möglich, eine würde + Infinitiv-Konstruktion:*

1. Wenn man mir eine Stellung anbietet, nehme ich sie.
2. Wenn der Benzinpreis weiter ansteigt, muß ich mir einen kleineren Wagen kaufen.
3. Wenn die Arbeitslosen qualifiziert waren, bekamen sie eine Arbeit.
4. Wenn ich weiß warum, sage ich es dir.
5. Wenn das Gesetz nicht geändert wird, kaufen die Leute den Whiskey aus dem Westen heimlich.
6. Wenn ich gesund leben will, esse ich viel Obst und Gemüse.
7. Kannst du mir bitte helfen, mein Auto zu reparieren?
8. Gibst du mir bitte den Katalog.
9. (Ich wünschte . . .) Ich habe keinen Hunger.

10. (Ich wünschte . . .) Ich bin nicht arbeitslos.

D. *Übersetzen Sie ins Englische:*
  1. Er hat das Mädchen durch Zufall getroffen.
  2. Viele verstehen dieses Problem überhaupt nicht.
  3. Ab und zu besuche ich meine Eltern.
  4. Darüber machen sie sich viele Gedanken.
  5. In dem letzten Brief brachte sie ihren Wunsch zum Ausdruck, ihre Eltern wiederzusehen.
  6. Leider habe ich dich nur von weitem gesehen.

E. *Sagen Sie auf deutsch:*
  1. It was very interesting to read about what people dream.
  2. I was told that this problem was even more difficult.
  3. If I only were in Europe now.
  4. Could you please write a letter to your parents?
  5. If the Turks had not attacked Vienna, we would not be able to drink coffee today.

GESPRÄCHSTHEMEN

  1. Finden Sie, daß Elisabeths Eltern sich richtig verhalten?
  2. Sind Sie auch der Meinung von Herrn Leitner, daß zuviel Freiheit für Jugendliche gefährlich ist?
  3. Was würden Sie tun, wenn Ihr Kind heroinsüchtig wäre?

KLEINE AUFSATZTHEMEN

  1. Die Probleme von und mit Süchtigen.
  2. Wieviel Freiheit müssen Jugendliche haben?

VOKABULAR

	ab und zu now and then	der	**Experte, -n** expert
	alsbald consequently, forthwith	die	**Familie, -n** family
der	**Ausdruck, ¨-e** expression		**fort•schieben, schob, fortgeschoben** push aside, here: to ignore, suppress
	begegnen to meet		
die	**Begegnung, -en** meeting		
	beobachten to observe		**froh** happy, glad
	berichten to report		**füttern** to feed
der	**Blick, -e** glance	das	**Gedicht, -e** poem
der	**Brief, -e** letter	das	**Gefängnis, -se** jail
die	**Droge, -n** drug		**geschehen, geschieht, geschah, ist geschehen** to happen
	erreichen to reach		
	erschütternd shocking, moving	das	**Gift, -e** poison

	gleichfalls likewise, also
der	Gott, ⸚er God; god
die	Großstadt, ⸚e city, metropolis
	grüßen to greet
	heim home
	heim•kommen, kam, ist heimgekommen to return home
	heroinsüchtig addicted to heroin
der	Heroinsüchtige, -n (ein Heroinsüchtiger) heroin addict
	herum•sitzen, saß, herumgesessen to sit around
	irren to err, wander
die	Kette, -n chain
die	Lebensmittel (pl.) groceries
das	Lokal, -e restaurant, inn
	lieb dear
	liebevoll loving
	mit•geben, gibt, gab, mitgegeben to give (take along)
der	Moment, -e moment
die	Mutter, ⸚ mother
	nachdenklich reflective, thoughtful
	nie never
	passen to fit
	quälend excruciating, tormenting
das	Rezept prescription
die	Rücksicht, -en consideration
	rührend moving
	schrecklich horrible
der	Schutz protection
	schwanger pregnant
	spüren to sense
	sterben, stirbt, starb, ist gestorben to die
die	Sucht, ⸚e addiction
der	Süchtige, -n (ein Süchtiger) addict
das	Taschengeld pocket money
der	Teufelskreis, -e vicious circle
der	Tod, -e death
	treiben, trieb, getrieben to drive
	treten, tritt, trat, getreten to go to someone
	übergroß immense, colossal
die	Überschrift, -en title, heading
das	Unglück, -e misfortune
	verfallen, verfällt, verfiel, ist verfallen to be addicted, be in bondage
das	Verlangen, - desire, craving
	verordnen to prescribe
	verschreiben, verschrieb, verschrieben to prescribe
	vertreiben, vertrieb, vertrieben to drive away
	verzweifelt desperate
	vorbestraft having a criminal record
	voreilig hasty, rash
	weg•gehen, ging, ist weggegangen to go away
	weg•kommen, kam, ist weggekommen to get off
	weh•tun, tat, wehgetan to hurt
	wiederholen to repeat
	wirksam effective
	wörtlich verbatim
	zuvor before, previously

18 Mädchen 1982

*Was erwarten 15—19jährige Mädchen von ihrer
Zukunft? Wie ist ihre Einstellung zu Beruf und
Familie, zu politischen und gesellschaftlichen
Problemen? Verschiedene Untersuchungen über
Jugendliche im allgemeinen und Mädchen im
besonderen versuchen Antworten auf diese
Fragen zu geben.*

Zwei Ausdrücke aus der Sprache der heutigen Jugendlichen sind zu Schlagwörtern geworden, die eine ganze Generation beschreiben sollen: die „Null Bock[a]/No Future"-Generation. Konflikte mit den Eltern und die Schwierigkeit, eine Lehrstelle oder irgendeine Arbeit zu finden, sind die Probleme im Privatleben. Im politisch-gesellschaftlichen Bereich beunruhigen vor allem wachsende Umweltprobleme und die andauernde Aufrüstung die Jugendlichen.

Eine Reaktion auf diese Probleme läßt sich z.B. aus dem Ergebnis einer Umfrage in Nordrhein-Westfalen[b] ablesen: dort hielten 40 Prozent aller Jugendlichen Gewaltanwendung manchmal für notwendig, um ihre Ziele durchzusetzen.

Eine Umfrage unter 15—19jährigen Mädchen gibt jedoch für diese Gruppe ein etwas anderes Bild. Zwar mißtrauen 55 Prozent den Politikern und meinen, daß diese machen, was sie wollen. Diese Meinung führt jedoch nicht dazu, daß Engagement als sinnlos angesehen wird (dieser Meinung sind nur 2 Prozent), sondern zur

---

Zahlen und Zitate sind einem Artikel in der SÜDDEUTSCHEN ZEITUNG vom 8. Oktober 1982 entnommen.

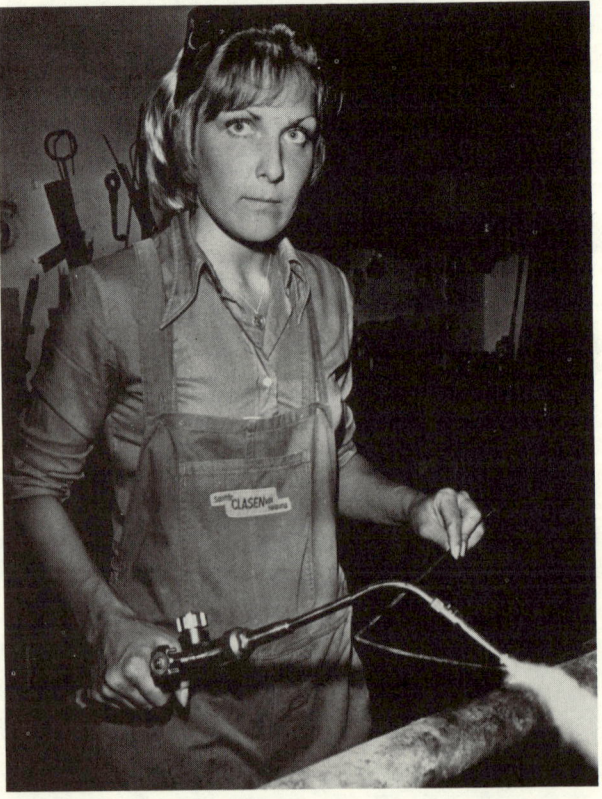

"Interessiert, engagiert, aber auch distanziert und mißtrauisch."

Mädchen 1982

Betätigung in außerparlamentarischen[1] Bewegungen. Auch folgende Beobachtung ist Beweis für diese Einschätzung: „Aussteiger[2] und Radikale[3] (rechts oder links) gibt es kaum unter den befragten 15–19jährigen. Sowohl den Neonazis[4] als auch den neuen Religionen stehen sie fern."

Von den großen politischen Problemen scheint das Thema Aufrüstung und Krieg das wichtigste zu sein: insgesamt 86 Prozent sehen die Aufrüstung als eine Bedrohung für sich an, und 65 Prozent haben Angst vor einem Atomkrieg. Dementsprechend ist die Friedensbewegung „für Mädchen mit Abstand[5] die wichtigste der auf Veränderungen zielenden aktuellen Strömungen[6]." Dieses Urteil wird durch folgende Zahlen bewiesen: 13 Prozent sehen sich als Mitglied der Friedensbewegung, 9 Prozent möchten mitmachen, 30 Prozent beurteilen sie positiv, und 28 Prozent sind an ihr interessiert.

Bei dem Problem der Umweltgefährdung sind 35 Prozent ganz und 44 Prozent im wesentlichen der Meinung, daß die Zerstörung der Natur und der Umwelt so fortschreiten werde, daß sie für den Menschen bald unbewohnbar werden. Daher findet die Bewegung der Alternativen/Grünen[c] bei 59 Prozent der Befragten Interesse.

Die Auswirkung der Arbeitslosigkeit auf ihre eigene Generation wird von den Mädchen so beurteilt: 31 Prozent stimmen mit der Aussage: „Viele Jugendliche haben heute keine Zukunftsaussichten mehr, weil sie keine Arbeit finden" völlig überein, 47 Prozent bestätigen sie wenigstens teilweise.

Für ihre eigene Stellungssuche[7] befürchten 31 Prozent, daß sie keine Arbeit finden. 73 Prozent sind der Ansicht, daß Frauen und Mädchen generell benachteiligt werden.

Schließlich wurden die Mädchen auch danach befragt, wie sie Beruf und Familie miteinander vereinbaren[8] wollen. Nur 5 Prozent gaben an, sie würden ihren Beruf gern aufgeben, wenn sie Kinder bekommen. 23 Prozent erwarten, in einer Teilzeitbeschäftigung[9] berufstätig bleiben und gleichzeitig für eine Familie sorgen zu können. 63 Prozent planen jedoch ein Drei-Phasen-Modell: Beruf-Kinder-Beruf, „solange die Kinder klein sind, zu Hause bleiben, und dann wieder, nach zehn oder zwölf Jahren, in den Beruf zurückkehren."

Wie also sind die Mädchen von heute? Das allgemeine Klischee „Null Bock/No Future" trifft auf sie sicher nicht zu. Sie sind auch nicht so unpolitisch, wie es ein anderes, älteres Klischee behauptet.

---

1. outside of the establishment. 2. drop outs. 3. radicals. 4. neo-nazis. 5. by a wide margin. 6. currents, movements. 7. job search. 8. coordinate. 9. part-time job.

Als Ergebnis der Untersuchung, von der hier berichtet wurde, ist festzuhalten: die Mädchen seien vor allem „aufgeweckt", eigentlich weder optimistisch noch pessimistisch, eine „aufmerksame Generation", d.h. „interessiert, engagiert, aber auch distanziert und mißtrauisch."

60

Bemerkungen

a. **Null Bock** describes an attitude towards life that is characterized by a lack of desire or ambition to do or to achieve something. Carried to its extreme it is expressed in the grafitto: **Null Bock auf nichts.**
b. **Nordrhein-Westfalen,** one of the eleven states of the Federal Republic of Germany, has the highest population and the highest population density. The main industrial area of West Germany, the **Rhein-Ruhr-Gebiet,** is located in this state.
c. **Die Grünen/Alternativen,** a popular movement consisting of people of various political and ideological background, are striving for peace, disarmament and the protection of the environment. In some recent elections, representatives of this movement have been elected as members of state parliaments, for example in **Bremen, Hamburg,** and **Hessen.**

Wichtige Redewendungen und Konstruktionen

Angst haben vor	to be afraid of
im wesentlichen	essentially
Interesse finden	to be of interest

Fragen

1. Mit welchem allgemeinen Klischee wird die Generation der heutigen Jugendlichen beschrieben?
2. Was sind die wichtigsten Probleme der heutigen Jugendlichen?
3. Sehen die 15–19 jährigen Mädchen ihre Zukunft pessimistisch oder optimistisch?
4. Zu welchem Ergebnis führte eine Umfrage unter allen Jugendlichen in Nordrhein-Westfalen?
5. Wie alt waren die Mädchen, die in einer anderen Umfrage befragt wurden?
6. Was meinen viele Mädchen über Politiker?
7. Welches Thema ist für die Mädchen das wichtigste?
8. Wieviel Prozent der Befragten sind in der Friedensbewegung aktiv?

Mädchen 1982

9. Was meinen die Mädchen zur Umweltgefährdung?
10. Wie wollen die meisten Mädchen das Problem „Beruf und Familie" lösen?
11. Wie kann man die Mädchen von heute beschreiben?

ÜBUNGEN

A. *Bilden Sie das Passiv:*

1. Man trank schnell einen Kaffee.
2. Wegen der damit verbundenen Gefahren greifen viele Menschen die Kernenergie an.
3. Man wies darauf hin, daß man Energie sparen müsse.
4. Im Jahr 1976 feierte man in den USA viel.
5. Man sollte private Verbraucher besser informieren.
6. Wir nutzen unsere elektrischen Geräte voll aus.
7. Falsche Luftzufuhr in der Heizanlage verunreinigt die Luft.
8. Man kocht Eier am besten mit Wasser aus dem Warmwasserhahn.
9. Man sollte Fenster und Türen abdichten.
10. Ich habe jeden Abend die Heizungstemperatur gesenkt.

B. *Bilden Sie den irrealen Konjunktiv; benutzen Sie, wenn möglich, eine würde + Infinitiv-Konstruktion:*

1. Wenn man über das Problem nachdenkt, muß man seine Meinung ändern.
2. Wenn meine Frau Arbeit bekommt, sorge ich für die Familie.
3. Wenn ich Zeit habe, lese ich den Bericht.
4. Wenn du keine Kinder bekommst, kannst du weiter arbeiten.
5. Wenn ich kann, kehre ich in meinen Beruf zurück.
6. Wenn die Jugendlichen wirklich gegen den Krieg sind, sollen sie in einer Friedensbewegung aktiv werden.
7. Wenn ich es kann, beweise ich es dir.
8. Wenn es notwendig ist, setzen sie ihre Ziele auch mit Gewalt durch.
9. Wenn man die genauen Zahlen hat, läßt sich daraus auch ein genaues Ergebnis ablesen.

C. *Bilden Sie den irrealen Konjunktiv in der Vergangenheit mit allen Sätzen in Übung B.*

D. *Übersetzen Sie ins Englische:*

1. Nicht nur manche Politiker, sondern auch viele Jugendliche machen, was sie wollen.
2. Mit den Zielen der Friedensbewegung stimmen immer mehr Jugendliche überein.
3. Probleme des Umweltschutzes müssen unser Interesse finden.
4. Dieses Ergebnis läßt sich aus der Umfrage ablesen.
5. Das Klischee von der unpolitischen Jugend trifft auf die Mädchen nicht zu.

E. *Sagen Sie auf deutsch:*

1. One cliché cannot describe a whole generation.
2. More than half of the young women don't trust politicians.
3. About 65 percent are afraid of a nuclear war.
4. A lot of young people want to participate in the peace movement.
5. Our environment soon might become uninhabitable.

GESPRÄCHSTHEMEN

1. Meinen Sie, daß die Mädchen zu pessimistisch sind?
2. Könnte eine Meinungsumfrage unter 15—19jährigen Mädchen in den USA ein ähnliches Ergebnis haben? Wo wären die Unterschiede?
3. Was halten Sie von dem Drei-Phasen-Modell?

KLEINE AUFSATZTHEMEN

1. Ein Vergleich zwischen den Problemen der Mädchen in Deutschland und den USA.
2. Die Friedensbewegung in den USA.
3. Der Umweltschutz in den USA.

VOKABULAR

ab•lesen, liest, las, abgelesen to gather, infer
an•dauern to last, continue
an•geben, gibt, gab, angegeben to claim
die Angst, ⸚e fear
— haben vor to be afraid of
ansehen (als) regard, consider
der Atomkrieg, -e nuclear war
auf•geben, gibt, gab, aufgegeben to give up

aufgeweckt alert
aufmerksam attentive
die Aufrüstung armament
die Aussage, -n statement
außerparlamentarisch outside of the establishment
die Auswirkung, -en effect, result
die Bedrohung, -en threat
behaupten to assert, claim
bekommen, bekam, bekommen to get

Mädchen 1982

	benachteiligen to place s.o. at a disadvantage	
die	**Beobachtung, -en** observation	
	berufstätig employed	
die	**Betätigung, -en** involvement	
	beunruhigen to worry	
	beurteilen to judge	
die	**Bewegung, -en** movement	
	beweisen, bewies, bewiesen to prove	
das	**Bild, -er** picture	
	dementsprechend accordingly	
	distanziert detached, aloof	
	(sich) durchsetzen to carry out, enforce	
die	**Einschätzung** assessment	
die	**Einstellung, -en** attitude	
das	**Engagement** commitment	
	engagiert engaged, involved	
	fest•halten, hält, hielt, festgehalten to note	
die	**Friedensbewegung, -en** peace movement	
die	**Generation, -en** generation	
	generell generally	
die	**Gewaltanwendung** use of force	
	halten (für) to consider	
	insbesondere especially	
	interessiert interested	
das	**Klischee, -s** cliché	
der	**Konflikt, -e** conflict	
die	**Lehrstelle, -n** apprenticeship	
	mißtrauen to distrust	
	mißtrauisch suspicious	
	miteinander with each other	
	mit•machen to participate	
(das)	**Nordrhein-Westfalen** Northrhine Westphalia	
	optimistisch optimistic	
	pessimistisch pessimistic	
die	**Reaktion, -en** reaction	
die	**Religion, -en** religion	
das	**Schlagwort, -er** slogan	
die	**Schwierigkeit, -en** difficulty	
	sorgen to take care	
	teilweise partially	
	überein•stimmen to agree	
das	**Umweltproblem, -e** environmental problem	
die	**Umweltgefährdung, -en** danger to the environment	
	unbewohnbar uninhabitable	
	unpolitisch apolitical	
das	**Urteil, -e** judgement	
die	**Veränderung, -en** change	
	völlig complete	
die	**Zerstörung, -en** destruction	
	zielen to aim	
die	**Zukunftsaussicht, -en** prospect for the future	
	zu•treffen, trifft, traf, zugetroffen to be right, hold true	

Important Strong and Irregular Weak Verbs and Modal Auxiliaries

INFINITIVE	PRESENT	PAST	PAST PARTICIPLE
backen (*to bake*)	bäckt	backte (buk)	gebacken
befehlen (*to command*)	befiehlt	befahl	befohlen
beginnen (*to begin*)		begann	begonnen
beißen (*to bite*)		biß	gebissen
betrügen (*to deceive*)		betrog	betrogen
beweisen (*to prove*)		bewies	bewiesen
biegen (*to bend*)		bog	gebogen
bieten (*to offer*)		bot	geboten
binden (*to bind*)		band	gebunden
bitten (*to request*)		bat	gebeten
blasen (*to blow*)	bläst	blies	geblasen
bleiben (*to remain*)		blieb	ist geblieben
braten (*to fry*)	brät	briet	gebraten
brechen (*to break*)	bricht	brach	gebrochen
brennen (*to burn*)		brannte	gebrannt
bringen (*to bring*)		brachte	gebracht
denken (*to think*)		dachte	gedacht
dürfen (*to be allowed*)	darf	durfte	gedurft
eindringen (*to penetrate*)		drang ein	ist eingedrungen
empfehlen (*to recommend*)	empfiehlt	empfahl	empfohlen
entscheiden (*to decide*)		entschied	entschieden
entweichen (*to escape*)		entwich	ist entwichen
erschrecken (*to frighten*)	erschrickt	erschrak	ist erschrocken
essen (*to eat*)	ißt	aß	gegessen
fahren (*to drive*)	fährt	fuhr	ist gefahren
fallen (*to fall*)	fällt	fiel	ist gefallen
fangen (*to catch*)	fängt	fing	gefangen
finden (*to find*)		fand	gefunden
fliegen (*to fly*)		flog	ist geflogen
fliehen (*to flee*)		floh	ist geflohen
fließen (*to flow*)		floß	ist geflossen
fressen (*to eat*)	frißt	fraß	gefressen
frieren (*to freeze*)		fror	gefroren
gebären (*to give birth*)	gebiert	gebar	geboren
geben (*to give*)	gibt	gab	gegeben
gedeihen (*to thrive*)		gedieh	ist gediehen
gehen (*to walk*)		ging	ist gegangen

Strong and Irregular Weak Verbs and Modal Auxiliaries

INFINITIVE	PRESENT	PAST	PAST PARTICIPLE
gelingen (to succeed)		gelang	ist gelungen
gelten (to be worth)	gilt	galt	gegolten
genießen (to enjoy)		genoß	genossen
geschehen (to occur)	geschieht	geschah	ist geschehen
gewinnen (to win, gain)		gewann	gewonnen
gießen (to pour)		goß	gegossen
gleichen (to resemble)		glich	geglichen
gleiten (to glide)		glitt	ist geglitten
graben (to dig)	gräbt	grub	gegraben
greifen (to seize)		griff	gegriffen
haben (to have)	hat	hatte	gehabt
halten (to hold)	hält	hielt	gehalten
hängen (to hang)		hing	gehangen
hauen (to spank)		haute (hieb)	gehauen
heben (to lift)		hob	gehoben
heißen (to be called)		hieß	geheißen
helfen (to help)	hilft	half	geholfen
kennen (to know)		kannte	gekannt
klingen (to sound)		klang	geklungen
kommen (to come)		kam	ist gekommen
können (to be able)	kann	konnte	gekonnt
kriechen (to crawl)		kroch	ist gekrochen
laden (to load)	lädt	lud	geladen
lassen (to let)	läßt	ließ	gelassen
laufen (to run)	läuft	lief	ist gelaufen
leiden (to suffer)		litt	gelitten
leihen (to lend)		lieh	geliehen
lesen (to read)	liest	las	gelesen
liegen (to lie)		lag	gelegen
lügen (to tell a lie)		log	gelogen
messen (to measure)	mißt	maß	gemessen
mißlingen (to fail)		mißlang	ist mißlungen
mögen (to like, like to)	mag/möchte	mochte	gemocht
müssen (to have to)	muß	mußte	gemußt
nehmen (to take)	nimmt	nahm	genommen
nennen (to name)		nannte	genannt
pfeifen (to whistle)	pfeift	pfiff	gepfiffen
raten (to advise; guess)	rät	riet	geraten
reiben (to rub)		rieb	gerieben
reißen (to tear)		riß	ist gerissen

Strong and Irregular Weak Verbs and Modal Auxiliaries

INFINITIVE	PRESENT	PAST	PAST PARTICIPLE
reiten (to ride)		ritt	ist geritten
rennen (to run)		rannte	ist gerannt
riechen (to smell)		roch	gerochen
ringen (to wrestle)		rang	gerungen
rufen (to call)		rief	gerufen
saufen (to drink)	säuft	soff	gesoffen
saugen (to suck)		sog	gesogen
schaffen (to create)		schuf	geschaffen
scheinen (to seem; shine)		schien	geschienen
schieben (to push)		schob	geschoben
schießen (to shoot)		schoß	geschossen
schlafen (to sleep)	schläft	schlief	geschlafen
schlagen (to beat)	schlägt	schlug	geschlagen
schleichen (to sneak)		schlich	ist geschlichen
schließen (to close)		schloß	geschlossen
schmeißen (to fling)		schmiß	geschmissen
schmelzen (to melt)	schmilzt	schmolz	ist geschmolzen
schneiden (to cut)		schnitt	geschnitten
schreiben (to write)		schrieb	geschrieben
schreien (to cry)		schrie	geschrien
schweigen (to be silent)		schwieg	geschwiegen
schwimmen (to swim)		schwamm	ist geschwommen
sehwören (to swear an oath)		schwur	geschworen
sehen (to see)	sieht	sah	gesehen
sein (to be)	ist	war	ist gewesen
singen (to sing)		sang	gesungen
sinken (to sink)		sank	ist gesunken
sitzen (to sit)		saß	gesessen
sollen (to ought to)	soll	sollte	gesollt
spinnen (to spin)		spann	gesponnen
sprechen (to speak)	spricht	sprach	gesprochen
sprießen (to sprout)		sproß	ist gesprossen
springen (to jump)		sprang	ist gesprungen
stechen (to sting)	sticht	stach	gestochen
stehen (to stand)		stand	gestanden
stehlen (to steal)	stiehlt	stahl	gestohlen
steigen (to climb)		stieg	ist gestiegen
sterben (to die)	stirbt	starb	ist gestorben
stinken (to stink)		stank	gestunken
stoßen (to push)	stößt	stieß	gestoßen
streichen (to stroke; spread)		strich	gestrichen
streiten (to quarrel)		stritt	gestritten
tragen (to carry)	trägt	trug	getragen
treffen (to hit; meet)	trifft	traf	getroffen
treiben (to drive)		trieb	getrieben

Strong and Irregular Weak Verbs and Modal Auxiliaries

INFINITIVE	PRESENT	PAST	PAST PARTICIPLE
treten (*to step; kick*)	tritt	trat	getreten
trinken (*to drink*)		trank	getrunken
tun (*to do*)		tat	getan
verbergen (*to hide*)	verbirgt	verbarg	verborgen
verderben (*to spoil*)	verdirbt	verdarb	verdorben
vergessen (*to forget*)	vergißt	vergaß	vergessen
verlieren (*to lose*)		verlor	verloren
verschwinden (*to disappear*)		verschwand	ist verschwunden
verzeihen (*to forgive*)		verzieh	verziehen
wachsen (*to grow*)	wächst	wuchs	ist gewachsen
waschen (*to wash*)	wäscht	wusch	gewaschen
wenden (*to turn*)		wandte/wendete	gewandt
werben (*to advertise*)	wirbt	warb	geworben
werden (*to become*)	wird	wurde	ist geworden
werfen (*to throw*)	wirft	warf	geworfen
wiegen (*to weigh*)		wog	gewogen
winden (*to wind*)		wand	gewunden
wissen (*to know*)	weiß	wußte	gewußt
wollen (*to want*)	will	wollte	gewollt
zwingen (*to compel*)		zwang	gezwungen

Wörterverzeichnis

This vocabulary is intended to be complete for the contexts of this book. Not listed in this and the chapter vocabularies are footnoted terms intended for recognition knowledge only.

Numbers after entries identify the chapter in which a word first occurs and is included in the chapter vocabulary. Entries without numbers are common basic words (articles, prepositions, and the like) not listed in chapter vocabularies.

Verbs with separable prefixes are identified as follows: **ab•drehen.**

    ab und zu (17)   now and then
    ab-drehen (10)   to turn off
der **Abend, -e** (5)   evening
das **Abendessen, -** (4)   dinner
das **Abendland** (6)   occident
    abends (4)   in the evening(s)
    ab•fahren, fährt, fuhr, ist abgefahren (14)   to leave
das **Abgas, -e** (14)   exhaust fume
    ab•hängen, hing, abgehangen (14)   to depend
    abhängig (4)   dependent
    ab•holzen (16)   to deforest, cut down
    ab•lehnen (14)   to refuse, reject
    ab•lesen, liest, las, abgelesen (18)   to gather, infer
    ab•schätzen (14)   to estimate
    ab•schließen, schloß, abgeschlossen (7)   to finish
    absehbar)16)   foreseeable
die **Abwechslung, -en** (11)   diversion; variety
die **Abwehr** (14)   defense
das **Ackerland** (16)   arable land
(das) **Afrika** (16)   Africa
    ähnlich (7)   similar
die **Aktion, -en** (16)   campaign, drive
    aktiv (13)   active
    aktuell (9)   acute; topical
der **Akzent, -e** (18)   accent
    alle   all
    allein (11)   alone
    allerdings (4)   however
    allgemein (4)   general

der **Alliierte, -n** (6)   ally
    allmählich (16)   gradually
    alltäglich (14)   everyday, trivial
    allzusehr (8)   too much
    als (1)   as; than
    alsbald (17)   consequently, forthwith
    alt (5)   old
das **Alter, -** (9)   age
die **Alternative, -n** (14)   alternative
(das) **Amerika** (16)   America
der **Amerikaner, -** (4)   American (citizen)
    amerikanisch (1)   (*adj.*) American
    amüsant (6)   amusing, entertaining
    an (+ *dat./acc.*)   at; on; to
    an•bieten, bot, angeboten (7)   to offer
    an•dauern (18)   to last, continue
    andere   other(s)
    ändern (3)   to change
die **Anerkennung** (3)   recognition
der **Anfang, ¨-e** (6)   beginning
    an•fangen, fängt, fing, angefangen (2)   to begin
die **Anforderung, -en** (7)   demand
die **Angabe, -n** (9)   description; statement
    an•geben, gibt, gab, angegeben (18)   to claim
das **Angebot, -e** (7)   supply
der **Angeklagte, -n (ein Angeklagter)** (5)   defendant
    angenehm (8)   pleasant
    angesichts (+ gen.) (16)   in view of

an•greifen, griff, angegriffen (10) to attack
der Angreifer, - (12) attacker
der Angriff, -e (6) attack
die Angst, -ë (18) fear
—haben vor (18) to be afraid of
anhaltend (16) continuous, sustained
an•kommen, kam, ist angekommen (4) to arrive
die Ankunft (4) arrival
die Anlage, -n (12) installation
anläßlich (16) on the occasion of
die Annahme, -en (7) assumption
an•nehmen, nimmt, nahm, angenommen (3) to take on; to assume
an•ordnen (15) to arrange, design
anregend (11) stimulating
an•richten (14) to cause
an•rufen, rief, angerufen (11) to make a phone call
der Anschein (5) impression
anscheinend (3) apparently
an•schließen, schloß, angeschlossen (10) to connect, attach
der Anschluß, ¨sse (14) connection
(sich) an•sehen, sieht, sah, angesehen (2) to watch
die Ansicht, -en (15) opinion
der Anspruch, ¨e (14) claim, demand
anstatt (zu) (6) instead (of)
an•steigen, stieg, ist angestiegen (7) to climb
anstrengend (4) exhausting
der Anteil, -e (11) part
die Antwort, -en (5) answer
die Anwendung, -en (1) application
anwesend (sein) (2) (to be) present
die Anzahl (4) number
der Anzug, ¨e (5) suit
der Apparat, -e (11) telephone; apparatus;
der April (4) April
die Arbeit, -en (2) work
arbeiten (18) to work
der Arbeitgeber, - (7) employer
der Arbeitnehmer, - (7) employee
das Arbeitsamt, ¨er (7) public employment agency
arbeitsfähig (7) able to work
die Arbeitskraft, ¨e (7) worker
die Arbeitslose, -n (ein Arbeitsloser) (7) unemployed person
die Arbeitslosenunterstützung (7) unemployment compensation
die Arbeitslosenzahl, -en (14) number of unemployed
die Arbeitslosigkeit (7) unemployment
der Arbeitsmarkt (7) labor market
der Arbeitsplatz, ¨e (7) place of work
die Arbeitsstelle, -n (7) job; work
der Arbeitstag, -e (14) working day
die Arbeitsvermittlung (7) work procurement
der Architekt, -en (9) architect
die Architektur, -en (6) architecture
(sich) ärgern (11) to be angry
arm (5) poor
die Armee, -n (6) army
die Art, -en (12) type
der Artikel, - (8) article
der Arzt, ¨e (9) physician
(das) Asien (16) Asia
die Atmosphäre, -n (5) atmosphere
der Atomkrieg, -e (18) nuclear war
auch (2) also
auf (+ dat./acc.) on; to
der Aufbau (13) building, constructing
auf•fallen, fällt, fiel, ist aufgefallen (5) to occur
auf•fangen, fängt, fing, aufgefangen (12) to absorb
die Aufforstung (16) reforestation
die Aufgabe, -n (7) assignment
auf•geben, gibt, gab, aufgegeben (18) to give up
aufgeweckt (18) alert
aufgrund (7) because of
auf•heizen (10) to heat
aufmerksam (18) attentive
auf•nehmen, nimmt, nahm, aufgenommen (5) to take up
die Aufrüstung (18) armament
das Aufsatzthema, -themen (1) composition topic
auf•stehen, stand, ist aufgestanden (2) to get up, rise
auf•teilen (3) to divide
der August (4) August
aus (+ dat.) out of; from
der Ausdruck, ¨e (17) expression
der Ausflug, ¨e (14) trip, excursion
aus•geben, gibt, gab, ausgegeben (8) to spend
aus•gehen von, ging, ist ausgegangen (5) to consider; to assume
das Ausland (4) abroad, foreign countries
der Ausländer, - (6) foreigner
ausländisch (6) foreign
aus•nützen (10) to utilize

aus•reichen (13)　to suffice
die Ausreise, -n (5)　departure
die Aussage, -n (18)　statement
ausschließlich (16)　exclusive
außer (+ *dat.*)　besides; except
außerdem (5)　besides
außerhalb (+ *gen.*)　outside of
außerordentlich (1)　extraordinary
außerparlamentarisch (18)　outside of the establishment
die Aussicht, -en (12)　prospect, chance; view
aus•stellen (5)　to exhibit
aus•üben (7)　to exert
die Auswirkung, -en (18)　effect, result
das Auto, -s　automobile, car
die Autobahn, -en (4)　freeway
der Autobesitzer, - (14)　car owner
der Autofahrer, - (7)　driver of a car
das Automobil, -e (14)　automobile
die Automobilindustrie (14)　auto industry
der Autoverkehr (5)　automobile traffic

der Babysitter, - (14)　babysitter
die Bahn, -en (14)　railroad
der Bahnhof, ⸚e (9)　train station
der Ball, ⸚e (2)　ball
barock (6)　baroque
bauen (6)　to build
der Baum, ⸚e (16)　tree
der Beamte, -n (ein Beamter) (9)　civil servant
beantworten (9)　to answer
bedecken (16)　to cover
bedenken, bedachte, bedacht (10)　to remember; to think
die Bedrohung, -en (18)　threat
bedeuten (6)　to mean
bedeutend (1)　significant
die Bedeutung, -en (1)　significance; meaning
(sich) bedienen (18)　to serve
das Bedürfnis, -se (15)　need
beenden (6)　to end
sich befinden, befand, befunden (2)　to be located
befragen (9)　to ask
befriedigend (8)　satisfactory
befürchten (16)　to fear; suspect
begegnen (17)　to meet
die Begegnung, -en (17)　meeting
der Beginn (16)　beginning
beginnen, begann, begonnen (4)　to begin
begraben, begräbt, begrub, begraben (14)　to bury

begründet (7)　caused; justified
behaupten (18)　to assert, claim
behindern (7)　to hinder, handicap
bei (+ *dat.*)　with; near
beide　both
beinah (1)　almost
das Beispiel, -e (1)　example
beispielhaft (16)　exemplary
beispielsweise (15)　for example
der Beitrag, ⸚e (14)　contribution; membership dues
bekannt (2)　known
die Bekanntschaft, -en (6)　acquaintance
bekommen, bekam, bekommen (18)　to get
belagern (6)　to besiege
beliebt (4)　popular
die Beliebtheit (5)　popularity
sich bemerkbar machen (5)　to become noticeable
bemerken (5)　to notice
die Bemerkung, -en (1)　note
benachteiligen (18)　to place s.o. at a disadvantage
benutzen (2)　to use
das Benzin (4)　gasoline
der Benzinpreis, -e (7)　price of gasoline
beobachten (17)　to observe
die Beobachtung, -en (18)　observation
bequem (4)　comfortable
bereit (7)　ready
bereits (16)　already
bereit•stellen (7)　to make available
der Bereich, -e (14)　realm
der Bericht, -e　report
berichten (17)　to report
der Beruf, -e (9)　occupation
die Berufsausbildung, en (7) (professional) education
der Berufssoldat, -en (9)　professional soldier
berufstätig (18)　employed
berühmt (1)　famous
berühren (2)　to touch
(sich) beschäftigem (7)　to occupy (oneself)
beschließen, beschloß, beschlossen (6)　to decide
beschreiben, beschrieb, beschrieben (5)　to describe
besetzen (6)　to occupy
besichtigen (15)　to view, survey; to examine
besitzen, besaß, besessen (2)　to possess

	besonders (8) especially		das	Brot, -e (15) bread	
	bestätigen (7) to confirm		der	Bürger, - (3) citizen	
das	Beste, -n (ein Bestes) (18) best (noun)		der	Bus, se (2) bus	
			das	Butterbrot, -e (4) sandwich	
	bestchen, bestand, bestanden (2) to consist of; to exist		die	Chance, -n (7) chance	
			der	Chemiker, - (9) chemist	
	bestellen (8) to order			circa (1) approximately	
	bestenfalls (5) at best			christlich (6) *(adj.)* Christian	
	bestimmt (7) certain			chronisch (8) chronic	
der	Besuch, -e (5) visit			da (11) there	
	besuchen (3) to visit			daher (5) therefore	
der	Besucher, - (5) visitor			damals (8) then	
die	Betätigung, -en (18) involvement		die	Dame, -n (11) lady	
der	Betrieb, -e (10) operation; business			damit (6) therefore	
das	Bett, -en (10) bed			dar•stellen (2) to represent	
	beunruhigen (18) to worry			datieren (17) to date	
	beurteilen (18) to judge		das	Datum, Daten (6) date	
die	Bevölkerung (1) population			dauern (18) to last	
	bevor•stehen, stand, bevorgestanden (7) to lie ahead			davon (1) of that	
			die	Decke, -n (10) ceiling; blanket	
	bewältigen (10) to surmount			decken (7) to cover	
	(sich) bewegen (12) to move		das	Defizit, -e (14) deficit	
die	Bewegung, -en (18) movement			dementsprechend (18) accordingly	
der	Beweis, -e (5) proof			demographisch (7) demographic	
	beweisen, bewies, bewiesen (18) to prove		die	Demoskopie (9) opinion poll(ing)	
				denken, dachte, gedacht (3) to think;	
	sich bewerben um, bewarb, beworben (7) to apply for				
				zu denken geben (3) to give cause for thought	
der	Bewohner, - (16) inhabitant				
	bezahlen (8) to pay			dennoch (5) nevertheless	
	bezeichnen (5) to denote, call			deshalb (3) therefore	
die	Beziehung, -en (3) relation(ship)			deutlich (14) clear	
das	Bier, -e (2) beer			deutsch (1) *(adj.)* German	
	bieten, bot, geboten (6) to offer		(das)	Deutsch (1) German (language)	
das	Bild, -er (18) picture		der	Deutsche, -n, die Deutsche, -n (ein Deutscher, eine Deutsche) (4) German (citizen)	
	bilden (1) to form; educate				
	billig (4) cheap				
	bis (+ *acc.*) until; as far as		(das)	Deutschland (1) Germany	
	bisher (10) up to now			deutschsprachig (10) of the German language	
	bitte (9) please; you are welcome				
die	Bitte, -n (9) request		der	Dezember (4) December	
	blau (6) blue		der	Dichter, - (6) poet	
	bleiben, blieb, ist geblieben (6) to stay, remain		die	Dichtung, -en (6) literature	
				dick (18) thick; heavy	
der	Blick, -e (17) glance		der	Diebstahl, ̈e (15) theft	
die	Blume, -n (11) flower			dienen (6) to serve	
der	Blumengruß, ̈e (11) floral greeting		der	Dienst, -e (14) service	
der	Boden, ̈ (16) land, soil			direkt (10) direct	
die	Branche, -n (7) branch			diesjährig (10) of the (current) year	
	brauchen (10) to use; need			diesseits (+ *gen.*) on this side of	
	brennen, brannte, gebrannt (10) to burn			distanziert (18) detached, aloof	
			die	Dimension, -en (3) dimension	
der	Brennstoff, -e (16) fuel, here: fire wood		das	Ding, -e (5) thing	
			die	Diskothek, -en (13) discothèque; disco	
der	Brief, -e (17) letter				
	bringen, brachte, gebracht (4) to bring		die	Diskussion, -en (13) discussion	
				diskutieren (14) to discuss	

doch (11) nevertheless
die Donau (6) Danube
doppelt (15) twice; double
das Dorf, ⸚er (2) village
dort (1) there
dringend (11) urgent
die Droge, -n (17) drug
der Druck (7) pressure
dunkel (5) dark
durch (+ acc.) through
durchschnittlich (15) (adj.) average, mean
(sich) durchsetzen (18) to carry out, enforce
dürfen, darf, durfte, gedurft (6) may, to be allowed to
die Ebene, -n (5) level, plain
die Ehefrau, -en (14) wife
die Eheleute (pl.) (13) married couple
ehemalig (13) formerly
eher (15) rather
ehrlich (15) honest
das Ei, -er (10) egg
eigen (3) own
eigentlich (5) actually
einander (3) each
der Einbau (10) installation
der Eindruck, ⸚e (6) impression
einfach (5) simple
ein•fallen, fällt, fiel, ist eingefallen (11) to think of, remember
der Einfluß, ⸚sse (6) influence
ein•fügen (1) to insert
die Einbeit, -en (12) unit
einige some
der Einkauf, ⸚e (14) purchase
ein•kaufen (8) to shop
ein•laden, lädt, lud, eingeladen (13) to invite
einmalig (6) unique
die Einreise, -n (5) arrival
ein•richten (8) to institute; to arrange, furnish
die Einrichtung, -en (6) institution; installation; furniture
einsam (11) lonely
die Einsamkeit (11) loneliness
der Einsatz, ⸚e (12) action, mission
die Einschätzung (18) assessment
ein•schränken (10) to diminish; limit
die Einstellung, -en (18) attitude
ein•tauschen (8) to change
die Eintrittskarte, -n (5) admission ticket
der Einwohner, - (1) inhabitant
der Einzelhandel (15) retail trade

einzeln (2) individual
einzig (1) single; only
elegant (6) elegant
die Elektriztät (10) electricity
die Eltern (pl.) parents
empfehlen, empfiehlt, empfahl, empfohlen (8) to recommend
das Ende, -n (2) end
die Energie, -n (10) energy
die Energiequelle, -n (10) source of energy
das Energiesparen (10) saving of energy
die Energieversorgung (10) supply of energy
eng (13) close; narrow; tight
das Engagement (18) commitment
engagiert (18) engaged, involved
englisch (1) (adj.) English
(das) Englisch (1) English (language)
enorm (5) enormous
entfernt (2) apart
(sich) entfernen (3) to move away
entnehmen, entnimmt, entnahm, entnommen (10) to take (away)
die Entscheidung, -en (14) decision
(sich) entschuldigen (11) to apologize
entsprechen, entspricht, entsprach, entsprochen (+ dat.) (7) to meet; to correspond (to)
entstehen, entstand, ist entstanden (13) to originate
entweder ... oder (2) either ... or
entwerfen, entwirft, entwarf, entworfen (16) to develop
(sich) entwickeln (3) to develop
die Entwicklung, -en (7) development
erbauen (6) to build
die Erde (16) globe
das Ereignis, -se (6) event
ereignislos (5) uneventful
der Erfolg, -e (2) success
erfolglos (6) futile
erfolgreich (6) successful
erfordern (10) to require, demand
erfreulich (4) delightful, pleasant
erfüllen (11) to fill
ergänzen (12) to supplement
das Ergebnis, -se (9) result
erhalten, erhält, erhielt, erhalten (12) to receive
erhältlich (5) available
(sich) erhöhen (13) to rise
erholt (4) recovered
die Erholung, -en (14) recuperation
(sich) erinnern an (7) to remember
die Erinnerung, -en (6) memory

erkennen, erkannte, erkannt (2) to perceive; to recognize
erklären (2) to explain
die Erklärung, -en (1) explanation
erlauben (8) to permit
erleben (6) to experience
das Erlebnis, -se (17) experience
erledigen (15) to finish; to bring to a close
erleichtern (8) to facilitate
erliegen, erlag, ist erlegen (15) to succumb
ermöglichen (10) to make possible
ernst (16) serious
ernsthaft (8) serious
erobern (6) to conquer
erreichen (4) to reach
erscheinen, erschien, ist erschienen (6) to appear
erschreckend (16) frightening
erschütternd (17) shocking, moving
erstellen (12) to construct
erwähnen (17) to mention
erwarten (8) to expect
die Erwartung, -en (16) expectation
erwecken (5) to give rise to
sich erweisen, erwies, erwiesen (13) to prove; to render
erwünschen (8) to desire
erzählen (4) to tell
erzielen (17) to accomplish
essen, ißt, aß, gegessen (3) to eat
etwas (11) some
(das) Europa (1) Europe
der Europäer, - (6) European
europäisch (1) (adj.) European
existieren (7) to exist
die Exkursion, -en (13) excursion
der Experte, -n (17) expert
der Export, -e (8) export
fabelhaft (5) fabulous
fahren, fährt, fuhr, ist gefahren (2) to drive, travel
die Fahrerei (14) driving
der Fahrplan, ⸚e (14) schedule, time table
der Fahrpreis, -e (14) fare
das Fahrrad, ⸚er (14) bicycle
die Fahrt, -en (4) trip
der Fall, ⸚e (5) case
falsch (7) false
die Familie, -n (17) family
der Familienhaushalt, -e (7) family household
das Familienmitglied, -er (14) member of the family
fanatisch (2) fanatical

die Farbe, -n (5) color
färben (17) to color
fast (2) almost
die Fauna (13) fauna, animals
der Februar (4) February
fehlen (+ dat.) (7) to miss; lack
die Feldarmee, -n (12) field army
das Fenster, - (10) window
die Ferien (pl.) (4) vacation
die Ferienziet, -en (14) vacation time
fern (4) distant
fern-sehen, sieht, sah, ferngesehen (2) to watch TV
der Fernseher, - (2) TV-set
fest (12) firm; solid
fest•halten, hält, hielt, festgehalten (18) to note
fest•stellen (5) to notice; to determine
feuern (12) to fire
der Film, -e (13) movie, film
finden, fand, gefunden (2) to find
die Firma, Firmen (8) business; firm
der Fisch, -e (4) fish
die Fläche, -n (16) area
die Flasche, -n (8) bottle
fliegen, flog, ist geflogen (4) to fly
flüchtig (5) in passing, quickly
der Flugplatz, ⸚e (9) airport
die Flut, -en (14) flood
folgen(ist) (+ dat.) (6) to follow
folgendermaßen (9) as follows
folglich (14) consequently, therefore
die Form, -en (13) form
die Formalität, -en (8) formality
formen (1) to form
formulieren (9) to formulate
forschen (15) to research
der Förster, - (9) forest manager
fort•schieben, schob, fortgeschoben (17) to push aside; to ignore, suppress
fort•schreiten, schritt, ist fortgeschritten (16) to advance, progress
das Foto, -s (4) photograph
der Fotoamateur, -e (13) amateur photographer
die Frage, -n (1) question
fragen (10) to ask
fraglich (7) questionable
(das) Frankreich (3) France
französisch (1) (adj.) French
das Französisch (1) French (language)
die Frau, -en (7) woman; Mrs.
frei (13) free

die	**Freiheit, -en** (9)	freedom
	freiwillig (13)	voluntary
die	**Freizeit, -en** (2)	leisure time
die	**Freizeitgestaltung, -en** (13)	recreational acitivty
	fremd (4)	foreign; strange
die	**Freude, -n** (9)	pleasure; joy
	sich freuen (2)	to be delighted
	sich freuen auf (2)	to look forward to
der	**Freund, -e** (6)	friend
die	**Freundin, -nen** (18)	friend
	freundlich (11)	friendly
die	**Friedensbewegung, -en** (18)	peace movement
	friedlich (3)	peaceful
	frisch (4)	fresh
der	**Friseur, -e** (9)	barber
	froh (17)	happy, glad
die	**Front, -en** (13)	front
	früh (14)	early
	früher (5)	formerly
das	**Frühstück** (4)	breakfast
	führen (zu) (9)	to lead (to)
der	**Führerschein, -e** (14)	driver's license
	füttern (17)	to feed
die	**Führung** (7)	management; command; direction
	füllen (7)	to fill
das	**Fünftel, -** (12)	fifth
	für (+ *acc.*)	for
der	**Fuß, ̈** (2)	foot
der	**Fußgänger, -** (5)	pedestrian
	ganz (6)	all; total
	gar nicht (11)	not at all
	garantieren (12)	to guaranty
der	**Gast, ̈e** (8)	guest
der	**Gastarbeiter, -** (7)	guest worker
das	**Gebäude, -** (13)	building
	geben, gibt, gab, gegeben (2)	to give
das	**Gebiet, -e** (1)	area
der	**Gebrauchsgegenstand, ̈e** (14)	commodity
die	**Geburt, -en** (6)	birth
der	**Gedanke, -n** (7)	thought
das	**Gedicht, -e** (17)	poem
die	**Gefahr, -en** (10)	danger
	gefährlich (7)	dangerous
	gefallen, gefällt, gefiel, gefallen (+ *dat.*) (9)	to like; to enjoy; to please
das	**Gefängnis, -se** (17)	jail
das	**Gefühl, -e** (9)	feeling; sensation
	gegen (+ *acc.*)	against
die	**Gegend, -en** (6)	area
der	**Gegensatz, ̈e** (5)	contrast
	gegenüber (+ *dat.*)	opposite
	gegenüber•stehen, stand, gegenübergestanden (7)	to be confronted with
	gegenwärtig (13)	presently
der	**Gegner, -** (12)	opponent
	gegnerisch (2)	opposing
	gehen, ging, ist gegangen (2)	to go
	gehören (zu) (+ *dat.*) (4)	to belong to
	gekennzeichnet (12)	characterized
das	**Geld, -er** (4)	money
die	**Gelegenheit, -en** (12)	opportunity
	gelingen, gelang, ist gelungen (+ *dat.*) (8)	to accomplish
	gelten, gilt, galt, gegolten (8)	to be considered as; to apply
	gemeinsam (1)	common, joint
das	**Gemüse, -** (8)	vegetable
	genau (6)	exact
die	**Generation, -en** (18)	generation
	generell (18)	generally
	genug (10)	enough
	genügen (+ *dat.*) (11)	to suffice
	genügend (11)	sufficient
das	**Gerät, -e** (10)	appliance
	gerecht (7)	fair, just
	gering (5)	little, small
	gern (2)	with pleasure
	gesamt (5)	total
die	**Gesamtbevölkerung** (7)	total population
das	**Gesamtbild** (7)	total picture
das	**Geschäft, -e** (5)	store
	geschehen, geschieht, geschah, ist geschehen (17)	to happen
die	**Geschichte, -n** (4)	story; history
der	**Geschirrspüler, -** (10)	dishwasher
das	**Geschütz, -e** (12)	cannon, gun
die	**Geschwindigkeit, -en** (14)	speed
	gesellschaftlich (13)	social
das	**Gesetz, -e** (8)	law
das	**Gesicht, -er** (6)	face
	gespannt sein (auf) (2)	to be curious (about)
das	**Gespräch, -e** (13)	discussion
das	**Gesprächsthema, Gesprächsthemen** (1)	discussion topic
	gesundheitlich (7)	state of health
die	**Gewaltanwendung** (18)	use of force
	gewinnen, gewann, gewonnen (2)	to win
die	**Gewinnung** (16)	gaining, extraction, reclamation
	gewiß (9)	certain
	gewohnt (8)	accustomed
	gewöhnt sein (5)	to be accustomed to

das Gift, -e (17)   poison
das Glas, ̈-er (4)   glass
    glauben (an) (3)   to believe (in)
der Glaube (11)   faith
    gleich (9)   same; right away
    gleichfalls (17)   likewise, also
    gleichgestellt (7)   on the same level; equal
    gleichzeitig (8)   at the same time
    glücklich (2)   happy
    gotisch (6)   gothic
der Gott, ̈-er (17)   God; god
    grammatikalisch (1)   grammatical
    grau (5)   gray
    grell (5)   bright, glaring
die Grenze, -n (1)   border
die Größe, -n (6)   greatness; size
    groß (1)   large; great; big
    großangelegt (16)   large-scale
(das) Großbritannien (3)   Great Britain
die Großeltern (pl.) (14)   grandparents
der Großmarkt, ̈-e (11)   supermarket
die Großstadt, ̈-e (17)   city, metropolis
der Großstadtmensch, -en (14)   city dweller
der Groschen, - (1)   Austrian penny
der Grund, ̈-e (5)   reason
    gründen (13)   to found
    grundsätzlich (10)   fundamental
der Grundstoff, -e (16)   raw material
die Gruppe, -n (5)   group
der Gruß, ̈-e (11)   greeting; salute
    grüßen (17)   to greet
    gut (3)   good, well
    haben, hat, hatte, gehabt (1)   to have
die Hälfte, -n (16)   half
    um die Hälfte (16)   by half
    häufig (5)   frequently
    halb (1)   half
    halbleer (10)   half-empty
    halten (18)   to consider
der Hammer, ̈- (8)   hammer
die Hand, ̈-e (2)   hand
    handeln (7)   to deal
der Händler, - (11)   salesman; dealer
der Handwerker, - (8)   craftsman; mechanic
    hassen (11)   hate
    hauptsächlich (4)   mainly
die Hauptstadt, ̈-e (1)   capital
der Hauptvorteil, -e (14)   main advantage
das Haus ̈-er (2)   house
die Hausfrau, -en (9)   housewife
der Haushalt, -e (10)   household
    häuslich (10)   domestic
    heim (17)   at home

das Heim, -e (14)   home
    heimisch (13)   local
    heim•kommen, kam, ist heimgekommen (17)   to return home
    heimlich (8)   secret
    heiß (10)   hot
    heißen, hießb, geheißen (1)   to mean; to be called
die Heizanlage, -n (10)   heating system
    heizen (10)   to heat
die Heizung, -en (10)   (central) heating
der Hektar, -e (16)   hectar
    helfen, hilft, half, geholfen (+ dat.) (8)   to help
    hell (11)   bright
    heraus•kommen, kam, ist herausgekommen (14)   to result
    herein•kommen, kam, ist hereingekommen (11)   to come in
    heroinsüchtig (17)   addicted to heroin
der Heroinsüchtige, -n (ein Heroinsüchtiger) (17)   heroin addict
der Hersteller, - (10)   producer
    herum•sitzen, saß, herumgesessen (17)   to sit around
    hervorragend (5)   excellent
    heute (3)   today
    heutig (3)   present, modern
    heutzutage (4)   nowadays
    hierdurch (10)   hereby
    hierfür (5)   for this
die Hilfe, -n (14)   help, aid
der Himmel (11)   sky
    hinaus (6)   beyond
    hingeworfen (11)   casually dropped
    hinein•gehen, ging, ist hineingegangen (5)   to go into
    hin•legen (11)   to lay there
    hin•reichen (14)   to suffice
    (sich) hinsetzen (2)   to sit down
    hinsichtlich (7)   with regard
    hinter (+ dat./acc.)   behind
    hinterlassen, hinterläßt, hinterließ, hinterlassen (6)   to leave behind
    hin•weisen auf, wies, hingewiesen (8)   to point out
    historisch (6)   historical
die Hitze (10)   heat
der Hobbyzirkel, - (13)   special interest group
    hoch (5)   high
der Hochschulprofessor, -en (9)   university professor
    hoffentlich (2)   hopefully

die	**Hoffnung, -en** (11)	hope
	höflich (14)	polite
das	**Holz, ̈-er** (16)	lumber, wood
der	**Holzexporteur, -e** (16)	lumber exporter
	hören (6)	to hear
das	**Hotel, -s** (4)	hotel
der	**Hund, -e** (14)	dog
der	**Hunger** (8)	hunger
die	**Idee, -n** (11)	idea
die	**Illustrierte, -n** (9)	magazine
	immer (1)	always
der	**Import, -e** (8)	import
	in *(+dat./acc.)*	in; into
	indirekt (15)	indirect
die	**Industrialisierung, -en** (6)	industrialization
die	**Industrie, -n** (3)	industry
das	**Industrieland, ̈-er** (10)	industrialized country
die	**Inflation, -en** (7)	inflation
die	**Inflationsrate, -n** (14)	rate of inflation
	informieren (10)	to inform
der	**Ingenieur, -e** (9)	engineer
die	**Initiative, -n** (13)	initiative
die	**Innenstadt, ̈-e** (6)	inner city
	innerhalb *(+ gen.)*	inside of, within
	inoffiziell (8)	inofficial
	insbesondere (18)	especially
	insgesamt (7)	altogether
das	**Institut, -e** (9)	institute
die	**Institution, -en** (5)	institution
	intensiv (15)	intensive
	interessant (4)	interesting
das	**Interesse, -n** (1)	interest
der	**Interessent, -en** (13)	interested person
	(sich) interessieren (9)	to be interested
	interessiert (18)	interested
	international (3)	international
	investieren (15)	to invest
	inzwischen (3)	in the meantime
	irgendein (7)	some; any
	irgendwelche (8)	any
	irreal (9)	unreal
	irren (17)	to err, wander
	isolieren (10)	to insulate
(das)	**Italien** (4)	Italy
(das)	**Italienisch** (1)	Italian (language)
das	**Jahr, -e** (1)	year
der	**Jahrgang, ̈-e** (7)	age group
das	**Jahrhundert, -e** (6)	century
	jährlich (15)	annually
der	**Januar** (4)	January
	je (1)	each; ever
	jedoch (3)	however
	jemand (11)	somebody
	jenseits *(+ gen.)*	on that side of
	jetzt (6)	now
	jeweils (5)	respectively; in each case
der	**Job, -s** (14)	job
der	**Journalist, -en** (9)	journalist
die	**Jugend** (16)	youth
der	**Jugendklub, -s** (13)	youth club
	jugendlich (16)	youthful
der	**Jugendliche, -n; die Jugendliche, -n (ein Jugendlicher, eine Jugendliche)** (13)	youth
der	**Jugendtanz, ̈-e** (13)	dance for young people
(das)	**Jugoslawien** (4)	Yugoslavia
der	**Juli** (4)	July
	jung (6)	young
der	**Juni** (4)	June
der	**Kaffee, -s** (4)	coffee
das	**Kaffeekochen** (10)	cooking of coffee
der	**Kaiser, -** (6)	emperor
	kalt (4)	cold
die	**Kälte** (10)	cold (noun)
der	**Kampf, ̈-e** (2)	battle, fight
	kämpfen (um) (2)	to battle (for), fight (for)
die	**Kapazität, -en** (13)	capacity
das	**Kapital** (16)	capital
	kapitalistisch (5)	capitalistic
das	**Kapitel, -** (1)	chapter
die	**Karriere, -n** (9)	career
die	**Kartoffel, -n** (10)	potato
der	**Käse, -** (4)	cheese
der	**Katalog, -e** (8)	catalog
der	**Kauf, ̈-e** (10)	purchase
	kaufen (8)	to buy
der	**Kaufmann, Kaufleute** (11)	merchant
	kaum (2)	barely
	kennen, kannte, gekannt (1)	to know
	kennen•lernen (2)	to get to know
die	**Kernenergie** (10)	nuclear energy
das	**Ketchup** (8)	ketchup
die	**Kette, -n** (17)	chain
die	**Kilowattstunde, -n** (10)	kilowatthour
das	**Kind, -er** (2)	child
die	**Kindheit** (9)	childhood
die	**Kirche, -n** (2)	church
	klagen (15)	to complain
	klar (5)	clear
das	**Kleid, -er** (5)	dress
die	**Kleidung** (5)	clothing
	klein (1)	small; little

die	**Kleinigkeit, -en** (8) little thing; petty matter		der	**Landwirt, -e** (9) farmer
	klettern (ist) (4) to climb			**lang** (3) long
das	**Klima** (16) climate			**langsam** (5) slow
das	**Klischee, -s** (18) cliché			**längst** (*adverb*) (11) long; long ago
der	**Klub, -s** (13) club			**lassen, läßt, ließ, gelassen** (2) to let, allow to
das	**Klubhaus, ¨-er** (13) club house		der	**Lauf** (8) course
der	**Koch, ¨-e** (9) cook; chef			**laufen, läuft, lief, ist gelaufen** (10) to run
der	**Komfort** (10) comfort			**lauten** (9) to read; to sound
der	**Kommandant, -en** (12) commander			**leben** (3) to live
	kommen, kam, ist gekommen (4) to come		das	**Leben** (8) life
	kommerziell (14) commercial		die	**Lebensmittel** (*pl.*) (17) groceries
	kompliziert (5) complicated		die	**Lebensqualität** (5) quality of life
der	**Konditor, -en** (9) pastrycook		der	**Lebensstandard** (5) standard of living
die	**Konferenz, -en** (6) conference		das	**Leder** (2) leather, ball
der	**Konflikt, -e** (18) conflict			**leer** (4) empty
der	**Konjunktiv** (9) subjunctive			**legen** (11) to lay
	konkret (16) concrete		der	**Lehrer,** (9) teacher
die	**Konkurrenz** (8) competition		die	**Lehrstelle, -n** (18) apprenticeship
	können, kann, konnte, gekonnt to be able to			**leicht** (8) easy; light
die	**Konstruktion, -en** (1) construction			**leiden, litt, gelitten** (14) to suffer
der	**Konsument, -en** (15) consumer			**leider** (3) alas; unfortunately
der	**Kontakt, -e** (13) contact			**leisten** (14) to render; to make
der	**Kontinent, -e** (4) continent			**sich leisten** (14) to afford
die	**Kontrolle, -n** (8) control			**lesen, liest, las, gelesen** (3) to read
	kontrollieren (10) to control		der	**Leser, -** (3) reader
der	**Konzertsaal, -säle** (6) concert hall			**letzt -** (6) last
der	**Kopf, ¨-e** (2) head		die	**Leute** (*pl.*) (11) people
(das)	**Korea** (3) Korea		das	**Licht, -er** (7) light
der	**Körper, -** (2) body			**lieb** (17) dear
	kosmetisch (8) cosmetic			**liebevoll** (17) loving
	kosten (10) to cost		das	**Lied, -er** (6) song
der	**Kraftfahrer, -** (9) (truck) driver			**liefern** (16) to furnish; to deliver
der	**Kranke, -n; die Kranke, -n (ein Kranker, eine Kranke)** (5) sick person			**liegen, lag, gelegen** (1) to lie
			die	**Liste, -n** (9) list
der	**Kreis, -e** (13) county; circle		die	**Literatur, -en** (13) literature
der	**Krieg, -e** (3) war		die	**Lockung, -en** (15) temptation; enticement
die	**Krise, -n** (7) crisis		das	**Lokal, -e** (17) restaurant, inn
der	**Kühlschrank, ¨-e** (10) refrigerator		der	**Lokomotivführer, -** (9) locomotive engineer
die	**Kühltruhe, -n** (10) freezer			
die	**Kultur, -en** (3) culture			**lösen** (7) to solve
	kulturell (1) cultural		die	**Lösung, -en** (7) solution
	sich kümmern um (13) to concern oneself		die	**Luft** (10) air
			die	**Lust** (14) pleasure; joy
der	**Kunde, -n** (8) customer		der	**Luxus** (5) luxury
der	**Künstler, -** (13) artist			**machen** (2) to make; to do; to matter
	kurz (3) short			
	kürzlich (3) recently		die	**Mahlzeit, -en** (4) meal
der	**Laden, ¨-** (15) store		der	**Mai** (4) May
der	**Ladendiebstahl, ¨-e** (15) shoplifting			**man** (1) one, you, we, they
die	**Lage, -n** (7) situation; position			**manchmal** (2) sometimes
das	**Land, ¨-er** (1) country; state		der	**Mangel, ¨-** (7) lack
die	**Landesgrenze, -n** (12) border of a country			**mangelnd** (7) lacking
				mangels (14) for lack of, in the

die **Manifestation, -en** (16) manifestation absence of
der **Mann, ¨er** (9) man; husband
das **Manöver, -** (12) maneuver
der **Mantel, ¨** (5) coat
der **März** (4) March
das **Maschinengewehr, -e** (12) machine gun
das **Material, -ien** (12) military equipment; material
der **Mechaniker, -** (9) mechanic
mehr... als (4) more... than
mehrere several
mehrmals (13) several times
die **Mehrzahl** (13) majority
meinen (7) to think; mean
die **Meinung, -en** (7) opinion
meist(ens) (2) mostly
der **Mensch, -en** (2) people
die **Menschheit** (16) humanity
menschlich (3) human
das **Merkmal, -e** (6) characteristic
mildern (8) to soften, relieve
die **Milliarde, -n** (16) billion
die **Million, -en** (1) million
die **Minderheit, -en** (7) minority
die **Minute, -n** (2) minute
die **Mischung, -en** (6) mixture
mißtrauen (18) to distrust
mißtrauisch (18) suspicious
mit (+ *dat.*) with; by means of
miteinander (18) with each other
mit·erleben (6) to experience
mit·geben, gibt, gab, mitgegeben (17) to give (take along)
das **Mitglied, -er** (13) member
mit·machen (18) to participate
der **Mitmensch, -en** (11) fellow human
mittags (4) at noon
das **Mittel, -** (12) means; device
mittelalterlich (6) medieval
der **Mittelpunkt, -e** (6) center
mobilisieren (12) to mobilize
die **Modenschau, -en** (13) fashion show
modern (6) modern
mögen, mag/möchte, mochte, gemocht (6) to like, to want to
möglich (12) possible
die **Möglichkeit, -en** (3) possibility
möglichst (13) possibly
der **Moment, -e** (17) moment
der **Monat, -e** (1) month
die **Monarchie, -n** (6) monarchy
die **Moral** (11) moral (lesson)
morgen (7) tomorrow
morgens (4) in the morning(s)

das **Motive, -e** (14) motive, reason; motif
der **Motor, -en** (10) motor
müde (4) tired
die **Mühe, -n** (14) effort
das **Museum, Museen** (5) museum
die **Musik** (6) music
musikalisch (5) musical
der **Musiker, -** (6) musician
müssen, muß, mußte, gemußt (6) to have to
die **Mutter, ¨** (17) mother
nach (+ *dat.*) after; to; according to
die **Nachbarin, -nen** (11) (female) neighbor
nachdem (6) after
nach·denken, dachte, nachgedacht (11) to think, ponder
nachdenklich (17) reflective, thoughtful
nachfolgend (6) resulting
die **Nachfrage, -n** (7) demand
nach·geben, gibt, gab, nachgegeben (8) to give in
nach·kommen, kam, ist nachgekommen (12) to accomplish
der **Nachmittag, -e** (5) afternoon
nächst - (2) next
nach·weisen, wies, nachgewiesen (16) to show, prove
nah (13) near, close
nahezu (16) nearly
der **Name, -n** (6) name
namens (14) by the name of
nämlich (9) namely; that is (to say)
die **Nation, -en** (4) nation
national (13) national
natürlich (2) naturally
der **Naturschutz** (16) preservation of nature
der **Naturschutzbund** (16) organisation for the preservation of nature
neben (+ *dat./acc.*) beside
nebeneinander (3) next to one another, side by side
nehmen, mimmt, nahm, genommen (8) to take
nennen, nannte, genannt (5) to name, call, cite
das **Netz, -e** (12) network; net
neu (6) new
neutral (12) neutral
die **Neutralität** (12) neutrality
nicht einmal (11) not even
nichts (18) nothing
nie (17) never

	niedrig (5) low			die	Politik (16) politics

        niedrig (5) low
        noch (14) yet
der Norden (5) north
(das) Nordrhein-Westfalen
      (18) Northrhine Westphalia
     normal (7) normal
     notwendig (8) necessary
der November (4) November
     nur (1) only
     nutzen (18) to take advantage
der Nutzen, - (14) profit; advantage
     oben (4) above; **nach oben**
     (4) upwards
der Ober, - (4) waiter
     oberflächlich (10) superficial
das Obst (8) fruit
     offen (7) open
     offensichtlich (16) obviously
     öffnen (8) to open
der Offizier, -e (9) military officer
     oft (1) often
     ohne (+ *acc.*) without; **ohne zu** ...
     (4) without ... ing
der Oktober (4) October
das Öl, -e (10) oil
die Ölkrise, -n (7) oil crisis
das Opfer, - (12) sacrifice
     optimal (7) optimal
     optimistisch (18) optimistic
die Ordnung (6) order
die Organisation, -en (3) organization
     örtlich (13) local
der Osten (3) east
(das) Österreich (1) Austria
     österreichisch (1) (*adj.*) Austrian
     paar (5) few
     packen (10) to load; to pack
der Palast, ¨-e (6) palace
     parken (14) to park
     passen (17) to fit
der Pastor, -en (9) pastor
     permanent (12) permanent
     persönlich (10) personal
     pessimistisch (18) pessimistic
die Pflanzenart, -en (16) species, variety of plant
der Pfarrer, - (9) minister, preacher
     pfeifen, pfiff, gepfiffen (2) to whistle
der Pfenning, -e (1) German penny
der Pilot, -en (9) pilot
     planen (4) to plan
     planmäßig (16) systematic, well planned
die Planung, -en (8) planning
der Platz, ¨-e (2) place
     plötzlich (8) suddenly

die Politik (16) politics
der Politiker, - (3) politician
     politisch (1) political
die Popularität, -en (2) popularity
     populärwissenschaftlich
     (13) scientific for popular appeal
     positiv (3) positive
     potentiell (15) potential
     präsentieren (15) to present, show
die Praxis (7) practice
der Preis, -e (5) price; prize
die Presse (8) (journalistic) press
     privat (8) private
das Privileg, -ien (14) privilege
     pro (8) per
das Problem, -e (3) problem
das Produkt, -e (8) product
das Programm, -e (13) program
     progressiv (16) progressive
die Propaganda (16) propaganda
das Prozent, -e (4) percent
der Prozentsatz, ¨-e (7) percentage
der Psychologe, -n (9) psychologist
das Publikum (13) public; audience; spectators
der Punkt, -e (5) point; area
     quälend (17) excruciating, tormenting
die Qualifikation, -en (7) qualification
     qualifiziert (7) qualified
die Qualität, -en (5) quality
     qualitativ (8) from the point of view of quality
die Quelle, -n (8) source; well
das Rad, ¨-er (14) wheel
das Radio, -s (2) radio
der Rappen, - (1) Swiss penny
     rar (16) rare
der Rat, ¨-e (13) council; advice
     rationell (10) efficient
der Raum, ¨-e (10) room; area
die Reaktion, -en (18) reaction
     realistisch (7) realistic
     rechnen (7) to count, calculate; to anticipate
der Rechtsanwalt, ¨-e (9) lawyer
die Rede, -n (4) talk, speech
     reden (11) to talk
die Redewendung, -en (1) phrase
die Regel, -n (2) rule
     regelmäßig (10) regular
der Regenwald, ¨-er (16) rain forest
die Regierung, -en (3) government
     regulieren (16) to regulate
das Reich, -e (6) empire
     reich (5) rich

der	**Reichtum, ⸚er** (16)	wealth, here: resource
die	**Reise, -n** (1)	trip
der	**Reiseführer, -** (6)	travel guide
	reisen (ist) (4)	to travel
der	**Reisende, -n die Reisende (ein Reisender, eine Reisende)** (3)	traveler
das	**Reiseziel, -e** (14)	destination
	relativ (1)	relative
die	**Religion, -en** (18)	religion
	reparieren (8)	to repair
	repräsentativ (9)	representative
	reservieren (8)	to reserve
	respektiv (8)	respectively
das	**Restaurant, -s** (8)	restaurant
das	**Resultat, -e** (9)	result
	retten (16)	to save
die	**Rettung** (16)	salvation
die	**Rezession, -en** (14)	recession
der	**Richter, -** (9)	judge
	richtig (8)	real; correct; right
das	**Rindfleisch** (4)	beef
das	**Risiko, -s** (18)	risk
die	**Rolle, -n** (8)	role
der	**Römer, -** (6)	Roman
die	**Rose, -n** (11)	rose
	rot (2)	red
die	**Rücksicht, -en** (17)	consideration
	rufen, rief, gerufen (18)	to call
	rührend (17)	moving
	rund (2)	round; approximately
der	**Sachverständige, -n (ein Sachverständiger)** (16)	expert, specialist
	sagen (4)	to say
der	**Satz, ⸚e** (11)	sentence
der	**Sauerstoff** (16)	oxygen
der	**Schaden, ⸚** (14)	damage
	schädigen (15)	harm; damage
	scharf (5)	severe; sharp
das	**Schaufenster, -** (5)	display window
	scheinbar (11)	apparently
	scheinen, schien, geschienen (5)	to appear
	schenken (8)	to donate
	schießen, schoß, geschossen (2)	to kick; to shoot
	schlafen, schläft, schlief, geschlafen (11)	to sleep
das	**Schlagwort, ⸚er** (18)	slogan
	schlecht (3)	bad
	schließen, schloß, geschlossen (7)	to close
	schließlich (8)	finally
	schlimm (11)	bad
das	**Schloß, ⸚sser** (6)	castle, palace; lock
	schnell (8)	fast
der	**Schnitt, -e** (5)	cut
	schon (2)	already
	schrecklich (17)	horrible
	schreiben, schrieb, geschrieben (15)	to write
	schreien, schrie, geschrien (2)	to shout, scream
der	**Schritt, -e** (5)	step
	schulen (12)	to train, school
der	**Schutz** (17)	protection
die	**Schwäche, -n** (8)	weakness
	schwanger (17)	pregnant
	schwarz (2)	black
das	**Schweinefleisch** (4)	pork
die	**Schweiz** (1)	Switzerland
	schweizerisch (15)	(adj.) Swiss
	schwer (2)	severe; heavy
	schwierig (7)	difficult
die	**Schwierigkeit, -en** (18)	difficulty
der	**Seemann, Seeleute** (9)	sailor
	sehen, sieht, sah, gesehen (2)	to see
die	**Sehnsucht** (16)	longing, yearning
	sehr (2)	very
	sein, ist, war, ist gewesen (1)	to be
	seit (+ dat.)	since; for
die	**Seite, -n** (3)	side; page
	selbst (4)	self
	selbständig (18)	self-reliant; independent
	selbstverständlich (7)	naturally
	selten (10)	rare
	senken (10)	to lower
die	**Sentimentalität, -en** (11)	sentimentality
der	**September** (4)	September
	sicher (2)	certain; safe
	sicherlich (2)	certainly
die	**Sicht** (10)	view
	simpel (11)	simple
	sinnlos (11)	senseless
	sinnvoll (10)	sensible
der	**Sitz, -e** (6)	seat
	sitzen, saß, gesessen (2)	to sit
	so (4)	so; thus
	so... wie (1)	as... as
	sofort (5)	at once
	sogar (4)	even
	sogenannt (5)	so-called
der	**Sohn, ⸚e** (11)	son
	solange (7)	as long
	solche	such
der	**Soldat, -en** (12)	soldier
	solide (8)	solid
	sollen, soll, sollte, gesollt (6)	to be supposed to, shall
	somit (8)	therefore

der **Sommer, -** (4) summer
die **Sonnenenergie** (10) solar energy
sorgen (18) to take care
soviel (4) so much
soweit (9) so far; as far
sowie (13) as well as
sowjetisch (6) (*adj.*) Soviet
die **Sowjetunion** (3) Soviet Union
sowohl ... als auch (3) as well as
sozialistisch (1) socialistic
(das) **Spanien** (4) Spain
die **Spannung, -en** (2) tension
sparen (4) to save
sparsam (10) frugal
spät (6) late
spätestens (5) at the latest
der **Speck** (4) bacon
das **Spiegelei, -er** (4) fried egg
das **Spiel, -e** (2) game; play
spielen (9) to play
der **Spieler, -** (2) player
spontan (14) spontaneous
der **Sport** (2) sport
die **Sprache, -n** (1) language
die **Sprachkenntnisse** (*pl.*)
(7) knowledge of language
**sprechen, spricht, sprach,
gesprochen** (1) to speak
die **Spur, -en** (4) trace
spüren (17) to sense
der **Staat, -en** (1) state
staatlich (5) public; national
das **Stadion, Stadien** (2) stadium
der **Stahl** (7) steel
die **Stadt, ̈e** (1) city
der **Stamm, ̈e** (16) stem, trunk, here: tree
stammen (12) to stem, originate
ständig (13) constant
stark (7) strong
die **Stärke, -n** (8) strength
die **Statistik, -en** (3) statistics, data
statistisch (9) statistically
statt (+ *gen.*) instead of
statt•finden, fand, stattgefunden (13) to take place
stecken (11) to put; to slip
stehen, stand, gestanden (2) to stand
stehen•bleiben, blieb, ist stehengeblieben (2) to remain standing; to stand still; to stop
stehlen, stiehlt, stahl, gestohlen (15) to steal
steigen, stieg, ist gestiegen (7) to climb
die **Stelle, -n** (1) place; position

stellen (8) to put
die **Stellung, -en** (7) position; place
sterben, stirbt, starb, ist gestorben (17) to die
stets (14) always
das **Steuer, -** (4) steering wheel
still (3) still; quiet
stillen (8) to sooth; quiet
still•stehen, stand, stillgestanden (3) to stand still
stimmen (7) to be true; to be correct
die **Stimmung, -en** (6) mood
der **Stock, -werke** (11) floor (*level of a building*)
der **Stoß, ̈e** (12) thrust, blow; push
stoßen, stößt, stieß, gestoßen (2) to push, knock
die **Strafe, -n** (2) penalty
das **Strafmandat, -e** (14) (traffic) ticket
die **Straße, -n** (11) street
die **Straßenbarrikade, -n** (12) street barricade
sich streiten, stritt, gestritten (14) to argue
der **Strom** (10) electrical current
die **Studie, -n** (16) study
die **Stunde, -n** (14) hour
stundenlang (4) for hours
der **Student, -en** (3) student
die **Subvention, -en** (5) subsidy
subventionieren (5) to subsidize
suchen (4) to seek; to look for
die **Sucht, ̈e** (17) addiction
der **Süchtige, -n (ein Süchtiger)** (17) addict
der **Süden** (5) south
die **Symphonie, -n** (5) symphony
das **System, -e** (5) system
der **Tag, -e** (1) day
tagelang (8) for days
täglich (7) daily
der **Tank, -s** (7) tank
die **Tankstelle, -n** (7) gasoline station
der **Tanzabend, -e** (13) evening of dancing
die **Tanzgruppe, -n** (13) dance group
das **Taschengeld** (17) pocket money
die **Tatsache, -n** (8) fact
tatsächlich (6) actually
tätig (4) active
tätigen (15) to undertake; to effect
technisch (12) technical
technologisch (9) technological
der **Teil, -e** (6) part
teilen (8) to share; to divide
teilweise (18) partially

das	**Telefon, -e** (11) telephone			**überwältigen** (11) to overwhelm
	teuer (2) expensive			**überzeugt** (14) convinced
der	**Teufelskreis, -e** (17) vicious circle		die	**Überzeugung, -en** (14) conviction
der	**Text, -e** (1) text			**übrig** (12) remaining
das	**Theater, -** (5) theater		die	**Übung, -en** (1) exercise
das	**Thema, Themen** (13) topic		das	**Übungsbeispiel, -e** (1) example for exercise
die	**Theorie, -n** (7) theory			
	tief (18) deep			**um** (+ *acc.*) around; at; **um zu** (6) in order to
	tiefenpsychologisch (15) psychoanalytical			**umfassen** (6) to include
die	**Tierart, -en** (16) species, variety of animal		die	**Umfrage, -n** (9) opinion poll
				umgehen, umging, umgangen (8) to go around
der	**Tip, -s** (10) suggestion			
der	**Tisch, -e** (8) table		der	**Umsatz, ⸚e** (15) sales
der	**Titel, -** (6) title			**umschreiben, umschrieb, umschrieben** (12) to paraphrase
der	**Tod, -e** (17) death			
das	**Tor, -e** (2) goal			**umsonst** (12) for nothing, gratis
	tot (17) dead		der	**Umstand, ⸚e** (9) circumstance
der	**Tourist, -en** (4) tourist		die	**Umweltgefährdung, -en** (18) danger to the environment
	traditionell (4) traditional			
die	**Träne, -n** (11) tear		das	**Umweltproblem, -e** (18) environmental problem
	träumen (9) to dream			
	traurig (11) sad		der	**Umweltschutz** (14) environmental protection
der	**Treffpunkt, -e** (13) meeting place			
	treiben, trieb, getrieben (17) to drive		der	**Umweltschützer, -** (16) environmentalist
	treten, tritt, trat, getreten (17) to go to someone		die	**Umweltverschmutzung** (7) pollution
	trinken, trank, getrunken (3) to drink			**unabhängig** (3) independent
			die	**Unabhängigkeit** (9) independence
	trocken (5) dry			**unbedingt** (9) absolutely; unconditionally
	trocknen (10) to dry			
	tropisch (16) tropical			**unbekannt** (10) unknown
	trotz (+ *gen.*) in spite of		der	**Unbekannte, -n; die Unbekannte, -n** (ein Unbekannter, eine Unbekannte) (11) stranger
die	**Truppe, -n** (12) troop			
	tun, tat, getan (7) to do			
die	**Tür, -en** (8) door			**unbequem** (14) uncomfortable
der	**Türke, -n** (6) Turk			**unbesetzt** (7) open; free, unoccupied
	typisch (4) typical			
	üben (12) to practice			**unbewohnbar** (18) uninhabitable
	über (+ *dat./acc.*) over; about			**unentbehrlich** (14) indispensable
	überall (6) everywhere			**unfruchtbar** (16) barren
	überein•stimmen (18) to agree			**ungefähr** (1) approximately
	übergroß (17) immense, colossal			**ungeheuer** (11) large, enormous
	überhaupt (4) at all			**ungenügend** (7) insufficient
	sich überlegen (+ *dat.*) (2) to ponder			**ungeplant** (15) unplanned
				ungewohnt (5) unusual
die	**Übernachtung, -en** (14) overnight stay			**ungewöhnlich** (4) unusual
			das	**Unglück, -e** (17) misfortune
	übernehmen, übernimmt, übernahm, übernommen (10) to take over			**unglücklich** (2) unhappy
			die	**Universität, -en** (3) university
	überraschen (9) to surprise			**unklug** (10) unwise
die	**Überraschung, -en** (9) surprise			**unnötig** (10) unnecessary
die	**Überschrift, -en** (17) title, heading			**unpersönlich** impersonal
	übersteigen, überstieg, überstiegen (7) to exceed			**unpolitisch** (18) apolitical
				unschätzbar (16) inestimable, invaluable
	überwachen (2) to supervise			

	unsterblich (6) immortal
	unter (+ dat./acc.) under; among
	(sich) unterhalten, unterhält, unterhielt, unterhalten (2) to entertain; converse
	unterirdisch (12) subterranean, underground
die	Unterkunft, ⸚e (12) shelter
die	Unternehmung, -en (5) enterprise; undertaking
der	Unterschied, -e (5) difference
	unterschiedlich (10) different
	unterstützen (12) to support
die	Unterstützung, -en (13) support, assistance
die	Untersuchung, -en (10) investigation
	unvergleichlich (6) incomparable
	unwahrscheinlich (9) unlikely
der	Urlaub, -e (4) vacation
der	Urlauber, - (4) vacationer
die	Ursache, -n (7) cause
	ursprünglich (8) original
das	Urteil, -e (18) judgement
der	Urwald, ⸚er (16) virgin forest
die	Variante, -n (12) variant
der	Vater, ⸚ (14) father
	verallgemeinern (7) to generalize
die	Veränderung, -en (18) change
	veranlassen (16) to cause; to prompt
die	Veranstaltung, -en (5) event
	verbessern (3) to improve
	verbinden, verband, verbunden (4) to connect; associate
die	Verbindung, -en (6) combination; connection
der	Verbrauch (10) consumption
	verbrauchen (10) to consume
	verbringen, verbrachte, verbracht (2) to spend; pass
	verdienen (7) to earn
die	Vereinigten Staaten (von Amerika) (3) United States (of America)
die	Vereinten Nationen (16) United Nations
	verfallen, verfällt, verfiel, ist verfallen (17) to be addicted; be in bondage
	verfeinern (15) to refine
	verführen (15) to entice; seduce
	verführerisch (15) enticing
	verfügen (12) to control, have at one's disposal
	verfolgen (1) to pursue; follow, watch
	vergangen (6) past
die	Vergangenheit (9) past (tense)
	vergessen, vergißt, vergaß, vergessen (7) to forget
der	Vergleich, -e (4) comparison
	vergleichen, verglich, verglichen (1) to compare
das	Verhältnis, -se (8) relationship
	verheiratet (11) married
der	Verkäufer, - (15) seller; sales person
die	Verkäuferin, -nen (11) sales woman, clerk
das	Verkehrsmittel, - (14) mode of transportation
der	Verkehrspilot, -en (9) commercial airline pilot
das	Verlangen, - (17) desire, craving
	verlangen (3) to demand
	verlieren, verlor, verloren (2) to lose
	verloren•gehen, ging, ist verlorengegangen (7) to get lost
der	Verlust, -e (15) loss
die	Vermehrung, -en (7) increase
	vermeiden, vermied, vermieden (10) to avoid
	vermindern (7) to diminish
	vermitteln (7) to arrange; negotiate
die	Vermittlung, -en (7) negotiation
	vernichten (16) to destroy
die	Vernichtung (16) destruction
	verordnen (17) to prescribe
	(sich) verringern (16) to diminish, decrease
die	Verringerung (16) decrease, reduction
	(sich) versammeln (2) to gather; meet
	versäumen (14) to miss
	verschieden (1) different
	verschreiben, verschrieb, verschrieben (17) to prescribe
	verschwenden (10) to waste
	verschwinden, verschwand, ist verschwunden (16) to disappear
	versiegen, ist versiegt (16) to dry up, be exhausted
die	Versorgung (8) supply
die	Versorgungsanlage, -n (12) supply system
	versprechen, verspricht, versprach, versprochen (6) to promise
	verstehen, verstand, verstanden (2) to understand
	versuchen (6) to try
	verteilen (7) to distribute
	verteidigen (12) to defend
der	Verteidiger, - (12) defender

die	**Verteidigung, -en** (12) defense	
das	**Verteidigungssystem, -e** (12) system of defense	
	vertraut sein (10) to be familiar	
	vertreiben, vertrieb, vertrieben (17) to drive away	
der	**Vertreter, -** (9) salesman	
	verunreinigen (10) to pollute	
der	**Verwandte, -n; die Verwandte (ein Verwandter, eine Verwandte)** (8) relative	
	verwenden (11) to use	
	verzichten (14) to renounce	
	verzweifelt (17) desperate	
	viele many	
	vielleicht (5) perhaps	
	veilseitig (13) versatile	
die	**Vielseitigkeit** (13) versatility	
das	**Vierteljahrhundert, -e** (16) quarter of a century	
das	**Volk, ̈er** (4) people	
die	**Volkswirtschaft** (15) (national) economy	
	voll (10) full	
	völlig (16) complete, entire	
	von (+ dat.) from; by; of	
	von vornherein (9) from the beginning	
	vor (+ dat./acc,) in front of; before, ago	
	voran•gehen, ging, ist vorangegangen (5) to take place	
die	**Voraussage, -n** (7) prediction	
	voraus•setzen (8) to assume	
	vorbei•gehen, ging, ist vorbeigegangen (11) to pass	
die	**Vorbereitung, -en** (9) preparation	
	vorbestraft (17) having a criminal record	
	voreilig (17) hasty, rash	
	vorhanden (7) available	
	vor•legen (9) to put to, submit	
der	**Vorort, -e** (14) suburb	
	vor•rücken (16) to advance	
	(sich) vor•stellen (+ acc.) (2) to introduce; **sich•vorstellen (+ dat.)** (2) to imagine	
der	**Vortrag, ̈e** (13) lecture, speech	
das	**Vorurteil, -e** (7) prejudice	
der	**Vorzug, ̈e** (9) virtue; merit; advantage	
	wachsen, wächst, wuchs, ist gewachsen (6) to grow	
der	**Wagen, -** (14) car	
die	**Wahl, -en** (4) choice; election	
	während (+ gen.) during	
	wahrscheinlich (7) probably	
der	**Wald, ̈er** (16) forest	
der	**Walzer, -** (6) waltz	
der	**Wandel** (9) change	
	wanken (8) to falter; to stagger	
	wann when	
die	**Ware, -n** (5) merchandise	
die	**Wärme** (10) heat; warmth	
der	**Wärmeverlust, -e** (10) loss of heat	
der	**Warmwasserhahn, ̈e (10)** warm-water faucet	
	warten (8) to wait	
die	**Wartung** (10) service	
	warum why	
	was what	
die	**Waschmaschine, -n** (10) washing machine	
das	**Wäschetrocknen** (10) drying of laundry	
das	**Wasser, -** (6) water	
der	**Wasserhahn. ̈e** (10) water faucet	
der	**Weg, -e** (3) way; path	
	weg•bleiben, blieb, ist weggeblieben (2) to stay away	
	wegen (+ gen.) because of	
	weg•gehen, ging, ist weggegangen (17) to go away	
	weg•kommen, kam, ist weggekommen (17) to get off	
	weh•tun, tat, wehgetan (17) to hurt	
das	**Weideland** (16) pasture (land)	
der	**Wein, -e** (4) wine	
die	**Weise, -n** (7) manner; form	
	weiß (2) white	
	weit (2) far	
	weiter (4) further	
	welcher which	
die	**Welt, -en** (1) world	
	weltgrößt - (16) the world's largest	
der	**Weltkrieg, -e** (6) world war	
	weltweit (16) worldwide	
	weltwirtschaftlich (7) economically worldwide	
	wenig (5) little; few	
	wenige (a) few	
	wenigstens (2) at least	
	wer who	
	werden, wird, wurde, ist geworden (3) to become	
der	**Wert, -e** (15) value	
	wesentlich (12) essential; significant	
der	**Westen** (3) west	
der	**Western, -** (18) western (movie)	
	westlich (5) western	
das	**Wetter** (13) wheather	
der	**Whiskey** (8) whiskey	
	wichtig (1) important	

widerstehen, widerstand,
   widerstanden (15) to resist
wie like; as; how
wieder (2) again
die Wiedergeburt (17) rebirth
wiederher•stellen, stellt wieder her,
   wiederhergestellt (6) to
   reconstruct
wiederholen (17) to repeat
wiederum (8) again
wieviel how much; wieviele how
   many
das Wild (16) game, deer; venison
der Winter, - (6) winter
wirken (5) to appear
wirklich (2) real, genuine
die Wirklichkeit, -en (5) reality
wirksam (15) effective
wirkungsvoll (12) effective
die Wirtschaft, -en (7) economy
wirtschaftlich (1) economical
der Wirtschaftszweig, -e (7) branch of
   economy
wissen, weiß, wußte, gewußt (8) to
   know
die Wissenschaft, -en (15) science
der Wissenschaftler, - (13) scientist
die Witwe, -n (11) widow
wo where
die Woche, -n (4) week
das Wochenende, -n (14) weekend
woher where from
wohin where to
wohnen (11) to reside, live
die Wohnung, -en (14) residence
das Wohnzimmer, - (14) living room
wollen, will, wollte, gewollt (6) to
   want to
das Wort, ¨er (6) word
wörtlich (17) verbatim
sich wundern (15) to be surprised,
   be astonished
der Wunsch, ¨e (8) wish
wünschen (3) to wish
die Wurst, ¨e (4) sausage; cold cuts
das Würstchen, - (2) sausage
die Zahl, -en (7) number
zahlen (3) to pay
zählen (12) to count
zahlreich (13) numerous
zeigen (9) to show
die Zeile, -n (11) line
die Zeit, -en (3) time
zeitsparend (14) time saving
der Zeitpunkt, -e (8) point in time

der Zeitraum (16) period
die Zeitung, -en (3) newspaper
die Zerstörung, -en (18) destruction
das Ziel, -e (6) goal, destination
zielen (18) to aim
das Zimmer, - (10) room
der Zirkel, - (13) interest group
der Zoo, -s (13) zoo
zu (+ dat.) too; to
der Zufall, ¨e (11) coincidence, chance
der Zug, ¨e (9) train
zugleich (9) at the same time
zukommen•lassen, läßt, ließ,
   gelassen (8) to furnish
die Zukunft (5) future
die Zukunftsaussicht, -en (18) prospect
   for the future
zuletzt (14) at last
die Zunahme, -n (15) increase
zurück•führen (8) to attribute
zurück•geben, gibt, gab,
   zurückgegeben (11) to give back
zurück•gehen, ging, ist
   zurückgegangen (6) to date back;
   go back
zurück•kehren (ist) (4) to return
zurück•lassen, läßt, ließ,
   zurückgelassen (6) to leave
   behind
die Zusammenarbeit (12) collaboration
zusammen•arbeiten (13) to
   collaborate
zusammen•brechen, bricht, brach,
   ist zusammengebrochen (6) to
   collapse
zusammen•hängen mit, hing,
   zusammengehangen (5) to be
   caused by; to be connected
der Zuschauer, - (2) spectator
zu•schreiben, schrieb,
   zugeschrieben (15) to attribute
zu•teilen (12) to allocate
zu•treffen, trifft, traf, zugetroffen
   (18) to be right, hold true
zuviel (10) too much
zuvor (17) before, previously
zu•weisen, wies, zugewiesen
   (12) to allot to, assign to
zwar (7) though
zweifellos (5) without doubt
zweimal (2) twice
zwingen, zwang, gezwungen (15) to
   compel
zwischen (+ dat./acc.) between

Photo credits

PAGE	SOURCE
2	Archiv Schorlies; Archiv Mackenroth; German Information Center
11	German Information Center
20	Archiv Schorlies; Archiv Mackenroth
30	Archiv Schorlies
40	German Information Center
50	Austrian Information Center
	German Information Center
73	German Information Center; Sovfoto
93	Archiv Mackenroth
101	German Information Center
112	Sovfoto
114	Sovfoto
121	Archiv Mackenroth
129	Archiv Mackenroth; German Information Center
136	Presse- und Informationsamt der Bundesregierung
151	German Information Center